La mémoire de l'élève

en cinquante questions

Dans la série Enfances

Paule AIMAR	Les Débuts du langage chez l'enfant
Jacques CHAZAUD	Précis de psychologie de l'enfant
Myriam DAVID	L'Enfant de 0 à 2 ans
Myriam DAVID	L'Enfant de 2 à 6 ans
Jean-Marie DELASSUS	Le Sens de la maternité
Michelle ERENA et al	Lire à la maternelle
Pierre GALIMARD	L'Enfant de 6 à 11 ans
Pierre GALIMARD	L'Enfant de 11 à 15 ans
Roger LECUYER	L'Intelligence des bébés
Alain LIEURY	La Mémoire de l'élève
Michel ROTA	Communiquer avec l'enfant
Michel ROTA	18-25 La postadolescence et ses problèmes
Aletha SOLTER	Comprendre les besoins de votre enfant
Jean-Pierre THOMASSET	Accueil et éveil du jeune enfant
Pierre VERDIER, Marieke AUCANTE	Ces Enfants dont personne ne veut. Adopter un enfant « inadoptable »

Alain LIEURY

La mémoire de l'élève

en cinquante questions

DUNOD

En couverture :
Photo © Stock Image

ISBN 2 10 003807 9

Table des matières

Introduction

APRÈS QUELQUES SIÈCLES DE désintérêt, la mémoire revient sur le devant de la scène et reconquiert les titres de noblesse dont elle était parée dans l'Antiquité, notamment chez les Grecs d'Ulysse et de Pénélope qui en avaient fait une déesse. Ce renouveau n'est pas vraiment dû à l'intérêt pour l'élève mais provient, pour les médias, de la grande importance de la mémoire pour la médecine, notamment à propos du vieillissement. De ce fait, on se rend compte, mais un peu tard comme dans l'histoire du corbeau et du renard, qu'elle est beaucoup plus importante qu'on ne le croit, qu'il faut bien une mémoire pour enregistrer les mots du vocabulaire, les images de notre univers mental et que la mémoire ne sert pas (ce ne serait déjà pas si mal) qu'à emmagasiner nos souvenirs personnels. Que les neurosciences s'intéressent à la mémoire et que les laboratoires pharmaceutiques dépensent des millions ou milliards pour des médicaments de la mémoire, voilà qui fait sérieux et qui a conduit à quelques belles émissions de télévision sur ce thème. Même si la mémoire de l'élève n'est pas à l'origine de cet engouement, les retombées sur l'éducation commencent à devenir importantes et les parents se posent légitimement des questions sur la mémoire de leurs enfants à l'école : la mémoire est-elle photographique ? comment expliquer le trou noir ? la mémoire est-elle élastique ? comment expliquer l'oubli ?

Néanmoins, il est difficile aux parents de se faire une opinion sur la mémoire, face aux publicités qui vantent des méthodes permettant des performances fabuleuses ou aux livres écrits par des non-spécialistes, pourtant invités dans des émissions littéraires prestigieuses, et qui visiblement se sont contentés de digérer une dizaine de livres sur la question avant de faire de même les années suivantes sur le thème de la douleur ou des régimes. À l'inverse, comme l'auteur de *L'Intelligence des bébés*[1], dans cette collection, le remarquait, les parents ne peuvent accéder à des ouvrages ou articles spécialisés où les méthodes et les théories sont tellement détaillées que l'on s'y perd. L'objectif est ici, à l'instar d'excellentes revues de vulgarisation, de présenter le sujet traité le plus simplement possible, en supprimant les détails ou mots techniques qui ne sont pas nécessaires. Dans ce but, graphiques et tableaux ont été omis car, comme le disait un éditeur à un célèbre physicien, une équation diminue les ventes de moitié [2].

Mais l'idée originale de cette collection est de répondre directement à des questions, et c'est une très bonne idée puisque c'est de cette manière en effet que les parents, en privé ou à la fin d'une conférence, mais aussi les journa-

1. R. Lécuyer, Dunod, 1996, paru dans la collection « Enfances » comme le présent ouvrage.
2. Hawking, *Une brève histoire de temps* (page 1, remerciements), Flammarion, 1991.

listes, procèdent le plus naturellement. À partir de mon expérience de conférencier et d'enseignant, j'ai donc listé cinquante questions qui me semblent rassembler la plupart des interrogations. Comme le titre l'indique, il s'agit essentiellement dans ce livre des points qui intéressent les parents au sujet de la mémoire de l'élève, enfant ou adolescent, et je ne parle pas des aspects touchant au vieillissement ou des maladies de la mémoire, sauf quand de telles études ont permis des retombées sur la mémoire en général. Même si le livre a été rédigé avec l'esprit de la collection de zapper les questions, certains points nécessitaient un développement qui débordent sur plusieurs questions, il suffira alors de lire une ou deux questions précédentes pour s'y retrouver…

J'ai oublié une question : est-ce que l'éléphant a une bonne mémoire ? Oui, et l'éléphant d'Asie peut répondre à une vingtaine d'ordres, mais c'est peu par rapport à la mémoire de votre enfant qui, à la fin du collège, a déjà mille fois plus de mots dans sa mémoire !

1
D'où vient le mot « mémoire » ?

IL ÉTAIT UNE FOIS… une déesse grecque qui s'appelait Mnémosyne. Cette déesse, belle comme Naomi Campbell, fut charmée par Zeus, un fameux coureur de jupons celui-là, qui allait même, comme on nous l'a appris à l'école, se changer en vache pour séduire les jolies grecques. D'après la légende, qui nous vient du ve siècle avant notre ère, Mnémosyne distrayait Zeus et les dieux en chantant les airs à la mode et en racontant les petits potins de l'Olympe. Si bien que les grecs en firent la déesse de la mémoire. Et, de ce mot, viennent des qualificatifs comme « mnésique, mnémotechnique », des termes comme celui d'amnésie qui signifie être privé de mémoire et, avec un petit lifting, le mot « mémoire » a ainsi été enfanté…

Selon cette charmante légende, des neufs nuits ou Mnémosyne s'unit à Zeus, naquirent neuf petites filles qui chacune présidait à un domaine de la connaissance ; ce sont les célèbres muses. Clio est la déesse de l'histoire, Euterpe celle de la musique, Terpsichore de la danse, Uranie est la muse de la science, Thalie celle de la comédie et Melpomène de la tragédie tandis que Erato est la déesse de la poésie, Polymnie est la muse de l'ode et Calliope celle de la poésie épique – c'est-à-dire les péplums de l'époque...

2
De quand date la première méthode de la mémoire ?

La première méthode a été inventée par un poète grec du nom de Simonide de Céos, à qui il est arrivé un film-catastrophe, bref, une dramatique aventure. Le récit nous est conté de façon quelque peu légendaire par des avocats romains, Cicéron, qui vivait à l'époque de Jules César et Quintilien (Ier siècle). Ceux-ci appuient leur histoire sur des livres grecs, perdus de nos jours, notamment brûlés lors des invasions barbares. Cette année-là, il y a cinq siècles avant notre ère, un athlète remportant le prix de pugilat – peut-être Scopas de Thessalie –, demande à Simonide de vanter sa force en écrivant un poème. Celui-ci s'exécute mais se perd en digressions sur les demi-dieux Castor et Pollux, si bien que le pugiliste ne lui paie que la moitié du prix convenu. Selon la légende, les demi-dieux lui auraient payé leur dette car, le soir, tout le monde se retrouve autour d'un grand festin dans une villa, que certains situent à Pharsale, comme Simonide le laisse entendre. Au cours du banquet, un serviteur s'approche de Simonide et lui apprend que deux cavaliers montés sur deux beaux chevaux blancs le demandent (tout le monde aura reconnu Castor et Pollux). Mais à peine Simonide sorti, le toit de la villa s'écroule écrasant les convives si bien que ceux-ci restent méconnaissables et impossibles à identifier. Les familles se tournent alors vers le seul rescapé, qui retrouve de mémoire l'emplacement des convives. Cette observation le conduisit à imaginer une méthode de mémoire qui consistait à mémoriser une liste d'objets (ou de personnages) sous forme d'images mentales et à placer chaque image selon les emplacements d'un itinéraire bien connu, par exemple les places d'une villa, les échoppes d'une rue, etc.

La légende a-t-elle un fondement historique ? Nul ne le sait et Quintilien croit plutôt à un conte mais il tient cette histoire de plusieurs auteurs grecs dont le célèbre savant Ératosthène qui déjà avait découvert que la terre était ronde et avait calculé sa circonférence. Une tablette de marbre a même été retrouvée dans l'île de Paros, citant des dates de découvertes, dont celle de la méthode de mémoire de Simonide. Conte ou histoire déformée par les siècles, la méthode des lieux connut un réel succès puisque des avocats romains la citent dans le chapitre sur la mémoire de leur livre. La méthode, sous différentes transformations, traversera d'ailleurs les siècles et on la retrouve encore dans des ouvrages de mnémotechnie du XVIIIe siècle. En revanche, le décor change et, au fil des époques, les lieux deviennent des parties d'une abbaye, d'une tour féodale, d'emplacements du paradis, les ailes d'un ange ou des gargouilles...

La méthode des lieux, récemment réétudiée, est réellement efficace comme l'ont montré différents chercheurs. Par exemple, on dessine au tableau une rue fictive avec des magasins – fleuriste, pharmacie, boulangerie… –, et les sujets doivent imaginer une relation entre le magasin et des mots d'une liste qu'on leur dicte. Par exemple, supposons que le premier mot soit parapluie, on peut imaginer que le parapluie soit un bouquet de fleurs géant, si le deuxième mot est orange, on peut imaginer un pot de pilules en forme d'orange, etc. Au moment du rappel, il suffit de refaire les magasins un par un pour retrouver l'ordre des mots de la liste. Les sujets d'un groupe contrôle (c'est-à-dire sans méthode) qui devait apprendre la même liste de mots dans l'ordre, ont une bien moins bonne performance, jusqu'à cinq fois moins de mots rappelés dans l'ordre. Cependant, de nos jours, la méthode des lieux est bien désuète car nous avons des agendas, des petits mémos pour soulager notre mémoire. Mais il faut se rappeler que les gens de l'Antiquité jusqu'à la Renaissance ne savaient ni lire ni écrire pour la plupart, ce qui explique le succès de la méthode de Simonide…

3
Que pensait-on de la mémoire autrefois ?

LA CHARMANTE LÉGENDE de Mnémosyne et de ses filles, les muses, nous apprend que les Grecs avaient une haute conception de la mémoire, synonyme pour eux de connaissance et non réduite au sens de mémoire « par cœur », comme elle eut cette réputation par la suite. Aristote, le plus grand savant et philosophe de l'Antiquité, consacre à la mémoire un traité et avait déjà observé des mécanismes intéressants comme les associations d'idées, qui ont servi de base aux philosophes anglais, dits « associationnistes » et, par la suite, à un courant de psychologie scientifique américain entre les années 1920 et 1940. Comme nous l'avons vu, de grands avocats comme Cicéron et Quintilien consacrent un chapitre de leur livre sur l'art de faire des discours, à la mémoire. Mais l'auteur de l'Antiquité qui a le plus écrit – une dizaine de chapitres sur l'ensemble de ses « Confessions » –, est saint Augustin, grand lettré dont on pourrait imaginer la fin comme dans un péplum.

Sentant sa mort proche, le noble vieillard contemple les feux de camp des Vandales du haut des murailles d'Hippone... Ce cavalier au loin, est-ce Genséric qui inspecte ses troupes ? Sa correspondance avec les évêques du monde romain l'avait averti depuis peu. Rome et le gouverneur d'Afrique ont poussé Vallia le roi des Wisigoths à attaquer les Vandales. Ils ont reflué vers l'Espagne puis dans le nord de l'Afrique, ils sont déjà là. Pourquoi saccagent-ils tout sur leur passage ? Les bibliothèques brûlent derrière eux, il faudra cacher les manuscrits les plus précieux, Homère, Aristote, Cicéron... La fin est proche, saint Augustin, évêque de cette ville transformée en citadelle, se remémore en cet instant l'une de ses « Confessions »...

« Grande est la puissance de la mémoire ! Il y a un je-ne-sais-quoi d'effrayant, ô mon Dieu, dans sa profonde et infinie multiplicité. Et cela, c'est l'esprit ; et cela, c'est moi-même ! Que suis-je donc, ô mon Dieu ? Quelle est ma nature ? Une vie variée, qui revêt mille formes et immense étonnamment. Voyez ce qu'il y a dans ma mémoire : des champs, des antres, des cavernes innombrables, tout cela rempli à l'infini de toute espèce de choses, innombrables aussi... Je parcours en tout sens ce monde intérieur, j'y vole de-ci de-là, j'y pénètre aussi loin que possible, sans rencontrer de limites. Tant est grande la force de la mémoire, tant est grande la force de la vie chez l'homme, ce vivant condamné à mourir ! »

Saint Augustin est né en 354 de notre ère et est mort en 430 lors du siège d'Hippone (actuellement ruines des environs d'Annaba en Algérie) par les Vandales. Cette circonstance est importante car ce sont les Vandales, sous la conduite d'Alaric, qui mirent à sac Rome et qui sont les responsables de la destruction des bibliothèques. Saint Augustin, évêque, lettré et ayant accès aux bibliothèques, était donc la dernière mémoire vivante de tout ce que l'Antiquité connaissait de la mémoire. Basée sur des sources romaines et grecques aujourd'hui inconnues et une profonde réflexion personnelle, sa conception est étonnamment riche pour l'époque et occupe plusieurs chapitres de ses « Confessions ». Après les invasions barbares, c'est la désolation pendant près de 1 000 ans. Le texte de Quintilien n'est découvert qu'en 1416. Pour se représenter ces mille ans, ces dix siècles qui constituent le Moyen Âge, il faudrait imaginer comme dans *La Planète des singes* de Pierre Boulle qu'un cataclysme nucléaire détruise une grande partie de la civilisation. Ce n'est qu'en l'an 3000 que les hommes retrouveraient des textes d'une autre antiquité, allant de Molière à Agatha Christie...

Ainsi, durant le Moyen Âge, les lettrés se basent surtout sur les sources orales, et lorsque Charlemagne[1] demande à son conseiller Alcuin : « Que vas-tu me dire maintenant de la mémoire, que je pense être la partie la plus noble de la réthorique ? », Alcuin répond : « La mémoire est la salle au trésor de toutes les choses et, si l'on n'en fait pas la gardienne de ce que l'on a pensé sur les choses et sur les mots, nous savons que tous les autres dons de l'orateur, quelque excellents qu'ils puissent être, seront réduits à rien. »

Un certain désintérêt pour la mémoire viendra du grand Descartes, qui, attaquant un charlatan célèbre à son époque, croit que la mémoire ne sert à rien, et que la raison peut permettre de déduire toutes les connaissances. De cette philosophie naîtra l'idée d'une mémoire sotte face à

1. F.A. Yates, *L'Art de la mémoire*, Gallimard, 1975.

une intelligence noble basée sur le raisonnement. Mais les recherches récentes, tant en psychologie scientifique que dans les neurosciences ou l'intelligence artificielle, montrent à nouveau l'extraordinaire richesse de la mémoire rejoignant ainsi l'intuition de la Grèce antique.

4
Comment la mémoire est-elle étudiée ?

La première étude scientifique de la mémoire date de 1885 et est due à l'Allemand Herman Ebbinghaus. Celui-ci apprenait lui-même des poèmes, des listes de syllabes et mesurait le temps qu'il mettait pour apprendre puis pour réapprendre à des délais variés, de une heure à un mois. C'est à lui que l'on doit la première mesure de l'oubli, qui croît très rapidement puisque le rappel est de soixante pour cent au bout de vingt minutes et chute à vingt pour cent au bout d'un mois.

Dans les méthodes modernes, on utilise des techniques extrêmement variées qui vont de la mesure du nombre d'essais pour apprendre une liste à des mesures de temps de réaction pour répondre à des questions apparaissant sur un ordinateur. On peut utiliser également toutes les ressources de la technologie moderne pour présenter des mots soit visuellement, soit auditivement, soit pour les comparer à des images, ou encore faire mémoriser des visages. Avec les progrès conjoints de l'étude du langage, on analyse de mieux en mieux les mots que l'on fait apprendre, sur le plan phonologique ou encore de longs textes ou des documents télévisés. Enfin, différents mécanismes sont mis au jour en comparant les performances de divers sujets, des jeunes enfants aux personnes âgés en passant par les jeunes de vingt ans. Conjointement avec les neurologues, l'étude des performances mnésiques des sujets ayant des pathologies diverses apportent de précieux renseignements sur les mécanismes de mémoire, qui, connus à leur tour, permettent de fabriquer des épreuves pour tester des médicaments. Enfin, l'étude des mémoires prodigieuses ou professionnelles, comme celle des joueurs d'échecs, permet d'apporter un éclairage ou de compléter la connaissance que l'on a de la mémoire. Il est inutile de détailler plus, car au fil des questions, vous découvrirez certaines de ces techniques sans entrer dans des détails qui sont l'objet d'autres ouvrages.

5 Les souvenirs sont-ils toujours véridiques ?

On a souvent tendance à avoir confiance en ses propres souvenirs mais les problèmes commencent déjà lorsque l'on évoque, soit dans un couple, soit entre amis, des souvenirs concernant des événements que tout le monde a vécu; les avis divergent très souvent. Et lorsqu'il s'agit d'enfants, ce n'est pas mieux évidemment contrairement à l'adage « La vérité sort de la bouche des enfants ».

À l'initiative d'une chercheuse américaine, Élizabeth Loftus, de nombreuses études ont été faites pour essayer de comprendre l'origine des faux souvenirs mis sur le devant de la scène à cause de procès retentissants. Plusieurs cas ont ainsi défrayé la chronique. Beth Rutherford, dans le Missouri a le souvenir d'avoir été violée par son père pasteur et affirmait avoir été mise enceinte deux fois par son père. Mais alors que le père dût démissionner de sa charge sous le poids des accusations, les examens médicaux révélèrent que la jeune femme n'avait jamais été enceinte puisqu'elle était encore vierge... Élizabeth Loftus décrit ainsi plusieurs cas de patientes dont les faux souvenirs ont mis en accusation des innocents. Par exemple, encore, cette jeune aide-soignante convaincue sous hypnose par son thérapeute qu'elle a été embrigadée dans une secte satanique qui l'a poussé à manger des bébés...

Cette chercheuse avait déjà montré que les souvenirs pouvaient être largement déformés par des événements plus tardifs et notamment par des questions ultérieures. Ainsi, faisant voir des diapositives relatant un accident de la circulation, une voiture verte y apparaît, renversant un cycliste pour éviter un poids lourd. Si des questions sont du genre « Pourquoi la voiture bleue a-t-elle renversé le cycliste » et que plus tard, on demande la couleur de la voiture, plusieurs « témoins » disent qu'elle était bleue, alors qu'elle était verte. Une des raisons de ces faux souvenirs est que nous n'avons pas de mémoire photographique et que les souvenirs sont construits à partir d'éléments imagés et surtout d'éléments verbaux qui peuvent eux-mêmes se transformer en image ; cette construction évolue au cours du temps et peut se transformer en reconstituant des éléments manquants en fonction d'une meilleure logique de l'histoire, ou en agglomérant des éléments qui proviennent d'autres événements, comme dans des questions posées par un enquêteur ou un thérapeute.

Ainsi d'autres chercheurs ont présenté à des sujets des histoires concernant leur enfance et racontées par leurs parents ; mais à ces événements réels en étaient ajoutés des faux, comme par exemple la venue d'un clown pour leur anniversaire. Lors d'un premier entretien, aucun sujet ne se souvient de cet événement rajouté mais plus tard, lors d'un second entretien 20 % des sujets se rappellent cet événement et ajoutent des détails, alors qu'il s'agit d'un faux souvenir. D'autres expériences montrent enfin que si l'on demande d'imaginer la (fausse) scène rajoutée, l'impression de certitude augmente encore. Or, les parents ont tendance à raconter des événements aux enfants, et pour bon nombre de souvenirs, il se peut que nous ayons dans notre mémoire, plutôt la mémoire de nos parents que de véritables souvenirs de notre enfance…

6
La mémoire des enfants est-elle la meilleure ?

La plupart des gens pensent que la mémoire des enfants est meilleure que celle des adultes et les observations présentées à l'appui de cette idée sont multiples. Telle mère de famille raconte par exemple qu'elle s'est fait battre à plate couture par sa fille de 10 ans à un jeu de mémoire qui consiste à retourner deux cartes couplées (deux girafes ou deux quilles...) ou tel père déclare qu'il ne parvient pas à atteindre la rapidité de son fils à un jeu vidéo de course de voitures. Ces observations de la vie quotidienne sont vraies mais on oublie un facteur décisif... : l'entraînement. L'enfant passe un grand nombre d'heures sur ses jeux favoris, parfois plusieurs heures par jour et la répétition, autrement dit l'entraînement, sont les mécanismes parmi les plus fondamentaux de l'apprentissage et de la mémoire. Du fait que, dans la vie quotidienne, plusieurs mécanismes non contrôlés se mêlent, notamment le degré d'entraînement préalable, les expériences en laboratoire ou à l'école ont pour but, en psychologie comme dans d'autres sciences, de contrôler différents facteurs pour ne pas faire d'erreurs (ou le moins possible) d'interprétation.

Ainsi, dans le jeu de mémoire consistant à se rappeler la figure (girafe ou éléphant) que comporte la carte retournée, l'enfant, super entraîné, a appris lors de parties antérieures que la carte un peu écornée dans le coin supérieur gauche c'est la girafe et que la carte qui s'enorgueillit d'une belle empreinte de pouce à la confiture de fraise, c'est l'éléphant. La supériorité des enfants dans les jeux vidéo est un peu plus compliquée. Sur le plan de la mémoire, rien n'indique, comme nous allons le voir, que l'enfant est supérieur à l'adulte et, de même que dans les expériences de laboratoire, on remarquera que les meilleurs aux jeux vidéo sont les adolescents et jeunes adultes et non les petits ; d'ailleurs certains constructeurs de jeux vidéo ont un serveur téléphonique pour dépanner les joueurs et ces experts sont de jeunes adultes et non de petits enfants.

En effet, les expériences de laboratoire ou à l'école montrent toutes, depuis un siècle, que plus l'enfant devient grand meilleure est sa mémoire, les performances les plus importantes sont atteintes par les adolescents et jeunes adultes, entre 15 et 25 ans. Par exemple, une expérience menée à l'école sur la mémoire des menus de la cantine, montre que, le vendredi, les adolescents se rappellent avec une moyenne de vingt-cinq pour cent le menu du lundi alors que les enfants de six à huit ans ne se souviennent plus de rien. La capacité de mémorisation de choses nouvelles diminue ensuite de manière progressive avec le vieillissement ; cependant, sauf pathologie, la baisse de la mémoire ne produit de gêne que dans des âges avancés, 60 à 70 ans. Que les capacités d'apprentissage augmentent tout d'abord puis diminuent ensuite avec l'âge s'explique par le fait que la mémoire n'est pas simple mais repose sur plusieurs systèmes. Ainsi, la capacité d'enregistrer des choses nouvelles, mots ou images, nécessite une structure du cerveau qui s'appelle l'hippocampe et qui se fragilise avec l'âge et aussi à cause de la répétition d'événements négatifs (stress, alcool, etc.) ; c'est parce que l'hippocampe marche moins bien que l'on apprend moins lorsqu'on est âgé. À l'inverse, les connaissances sont enregistrées dans une autre partie du cerveau, contenant des milliards de neurones (donc moins fragile), le cortex. Ici, c'est un fonctionnement inverse car, plus on est jeune et moins il y a de connaissances. Par exemple, le nombre de mots appris par l'enfant est de quelques dizaines à partir de la première année et grimpe à des allures vertigineuses jusqu'à six mille à la fin de l'école primaire jusqu'à vingt-cinq mille à la fin du collège. Ces connaissances ne diminuent pas et peuvent augmenter avec l'âge, le temps fournissant alors la possibilité de se cultiver.

7
À quand remontent les premiers souvenirs ?

En moyenne, les souvenirs les plus anciens des adultes (y compris jeunes) sont datés, lorsqu'on peut les vérifier, entre trois et quatre ans. Freud pensait que cette perte de la mémoire était due à une répression de la sexualité infantile, mais cette théorie n'est plus admise par la majorité des chercheurs qui voit dans ce phénomène un résultat de la construction de la mémoire.

En effet, lorsqu'on observe la mémoire au jour le jour, les enfants peuvent se rappeler une visite au zoo, ou des courses au supermarché lorsqu'ils sont petits ; ils reconnaissent très tôt leurs parents et même leur mère quarante-huit heures après la naissance[1]. Progressivement, les enfants reconnaissent les membres de la famille, les lieux qui les entourent, les pièces de la maison, les maisons de la famille ou des amis, les magasins, les émissions de télévision, les animaux familiers et ce qu'on oublie trop souvent, les mots du langage, qu'il faut bien mémoriser pour les reconnaître et les employer.

---

1. Roger Lécuyer, *L'Intelligence des bébés en 40 questions*, Dunod, 1996.

Pourquoi alors un jeune enfant se rappellera-t-il le lendemain qu'il a fait les courses au supermarché et ne s'en souviendra-t-il pas devenu adulte. Ce phénomène est dû à un aspect de la mémoire appelé « mémoire épisodique ». Chaque fois que l'on apprend quelque chose, par exemple lorsque je vois un requin dans un documentaire télévisé, que j'entends ce mot dans la conversation, que je le lis dans une revue, chaque événement est enregistré en mémoire de manière individualisée comme un épisode. Ce mot d'épisode a été choisi par un chercheur canadien sans doute en référence aux séries télévisées. Chaque épisode met en scène les mêmes (ou presque) protagonistes, mais chaque épisode diffère d'un autre par une combinaison particulière ; cependant, après un certain nombre d'épisodes, notre mémoire les fusionne et l'on se rappelle des caractères généraux des personnages et des lieux, par exemple de John Steed et d'Emma Peel dans la série *Chapeau melon et bottes de cuir,* sans se rappeler avec précision tel ou tel épisode. D'ailleurs, lors d'une interview télévisée[1], l'actrice Diana Rigg, qui joue Emma, fut bien embarrassée lorsque le journaliste lui posa la question : « Quel est votre épisode préféré ? » ; « Je ne l'ai pas vu depuis si longtemps. Pour moi, c'est comme s'ils étaient fondus en un épisode unique. Parmi les plus anciens, je me souviens bien des "cybernautes". C'était un des tout premiers, j'avais le trac, c'est pourquoi je m'en souviens. Pour le reste, il faut savoir qu'on faisait un épisode tous les dix jours et même les scénarios étaient parfaits. Ils avaient un moule, c'est donc difficile de faire ressortir un épisode précis », a-t-elle répondu.

1. Interview de Diana Rigg, émission *Continentales,* FR3 du 11 août 1992.

La vie est un grand feuilleton et notre mémoire fusionne les épisodes pour extraire ces abstractions génériques que sont les mots, les visages de nos proches, les lieux qui nous sont familiers. On remarque ainsi en laboratoire que plus les mots sont familiers, comme bateau et avion, et plus ils sont difficiles à reconnaître après les avoir appris dans une liste avec des pièges ; à l'inverse, les mots rares, comme sextant ou ornithorynque, sont mieux reconnus. La raison en est que chaque fois que nous avons rencontré (vu, lu, etc.) le mot bateau, un nouvel épisode s'est enregistré en mémoire et il en existe dans notre mémoire d'adulte des dizaines de milliers ; si l'on apprend ce mot dans une liste de laboratoire, un nouvel épisode est donc enregistré avec le visage de l'expérimentateur, le local du laboratoire, etc., et se rappeler ce mot revient en fait à se rappeler que ce mot (que l'on connaît déjà) était dans telle liste ; pour la mémoire, il s'agit d'identifier cette épisode particulier « le mot bateau dans le contexte du laboratoire » parmi des milliers d'épisodes. Voilà pourquoi il est très difficile de reconnaître des mots familiers alors que le mot rare « ornithorynque » sera plus aisément détectable parmi un plus petit nombre d'épisodes en mémoire. Ce mécanisme de la mémoire épisodique explique bien l'oubli des événements répétitifs de la vie courante, comme ceux de fermer la porte à clé, d'éteindre la lumière, etc., car ils sont très fréquents et leurs épisodes se mélangent facilement entre eux en mémoire comme chez l'actrice de *Chapeau melon et bottes de cuir.*

Chez l'enfant, chaque épisode de la vie, le visage de ses parents, les courses dans les magasins, les jeux dans sa chambre… vont se mélanger de si belle manière qu'il n'y aura plus qu'un souvenir générique comme le visage de ses parents et les images des objets familiers, table, chaise, etc., que l'on n'a pas l'habitude d'appeler souvenirs d'enfance et qui pourtant sont les premières bases de notre mémoire.

8

Est-il vrai que les premiers souvenirs sont attachés à des émotions ?

La fusion des épisodes est à la fois à la base de la construction de nos premiers savoirs mais le revers de la médaille est, nous venons de le voir, l'oubli. C'est une des raisons pour lesquelles il est vrai que les premiers souvenirs (au sens ordinaire du terme) qui nous restent de notre enfance sont attachés en général à des émotions fortes, comme la joie, mais plus souvent encore les souvenirs sont marqués par des émotions négatives comme une peur intense, la honte... Pour une part, l'épisode accompagné d'une émotion forte se détache mieux des autres épisodes ; c'est la raison pour laquelle on se rappelle mieux des « premières » : premier amour, une remise de prix ou de médaille pour un sportif, pièce de théâtre, voyage à l'étranger... Mais un autre mécanisme, biologique celui-ci, explique aussi l'effet des émotions. Dans le cerveau, près de l'hippocampe qui permet l'enregistrement des choses nouvelles, est attachée une autre structure, l'amygdale (ne pas confondre avec les amygdales qui sont dans la bouche). L'amygdale a pour fonction de dire au cerveau si l'événement est bon (positif) ou mauvais (négatif). Lorsque l'événement suscite une émotion forte (comme la colère ou la peur), des molécules spéciales sont envoyées à l'hippocampe qui enregistre mieux. Ainsi, des expériences sur des animaux de laboratoire (souris, rat) montrent que des apprentissages associés à des chocs électriques douloureux sont plus rapides que des apprentissages positifs (nourriture) et la mémoire est également plus durable. Certains chercheurs pensent même que les événements traumatisants ne sont jamais oubliés et l'observation commune leur donne raison ; par exemple, les personnes qui ont été traumatisées par un accident grave ou pour avoir été à proximité d'une explosion (guerre, terrorisme, etc.) ont précisément pour problème majeur de ne pas pouvoir oublier ces événements traumatisants. Il faut remarquer d'ailleurs que la meilleure mémorisation qui en résulte est très grossière, la personne se rappellera un bruit assourdissant et des cris multiples, mais la mémoire du détail est en général mauvaise.

Ainsi, mieux qu'une formule de math ou une carte de géographie, les élèves se rappelleront toute leur vie des épisodes traumatisants de leur vie scolaire. Autrefois, c'étaient des sévices corporels, coup de règle en fer sur les doigts, rester à genoux sur une règle, etc., mais de nos jours, une humiliation peut être tout aussi traumatisante et c'est un principe pédagogique de base que d'éviter les émotions négatives fortes dans l'éducation, tant familiale que scolaire. Le coup de règle sur les doigts ne permettra pas de faire apprendre mieux la table de multiplication mais gravera à jamais le souvenir du maître qui en est l'auteur.

9
Retient-on mieux les choses qui nous plaisent ?

OUI, ON RETIENT MIEUX les choses qui nous plaisent pour deux raisons principales, l'émotion et l'intérêt. Comme nous venons de le voir dans la question précédente, les événements attachés à des émotions sont mieux retenus et ceci est vrai des émotions positives, quoique avec moins de force que les émotions négatives, c'est-à-dire les traumatismes. Il est donc préférable de faire apprendre dans un climat positif, de gentillesse et de bienveillance, sans qu'il soit nécessaire de donner systématiquement des récompenses, car l'enfant ou l'élève ne fera plus l'activité que pour la récompense[1].

La seconde raison est l'intérêt et celui-ci touche à la connaissance. L'intérêt est l'attirance à l'égard d'un thème et les recherches révèlent que l'on est d'autant plus intéressé que l'on connaît déjà. Une expérience a par exemple montré que d'une liste de jouets, les filles se rappellent mieux les jouets de filles et symétriquement, les garçons se

1. Voir Lieury et Fenouillet, *Motivation et réussite scolaire*, Dunod, 1996.

souviennent mieux des jouets de garçons. De même des étudiants évoquent un plus grand nombre d'informations concernant des documentaires proches de leur spécialité. D'une façon générale, l'intérêt est l'impression de bien connaître un sujet. L'intérêt dépend également du sentiment de liberté (ou autodétermination) et l'on aime d'autant mieux l'activité qui a été choisie librement. Les élèves apprennent plus facilement des publicités ou le nom de leurs chanteurs préférés que les cours à l'école ou au collège. De même, ils vont passer des heures à leurs jeux vidéos, parfois plus complexes qu'une leçon d'histoire...

10

Est-il vrai que savoir faire du vélo ne s'oublie jamais ?

Il est vrai que, pour l'essentiel, les apprentissages sensori-moteurs, comme faire du vélo, nager, conduire, ne s'oublient jamais car ils dépendent d'un système de mémoire différent de celui qui s'occupe des connaissances, mots ou images. Cette découverte vient de l'étude des jeunes malades ayant des lésions de l'hippocampe (blessures de guerre, etc.). Comme nous l'avons vu, l'hippocampe est nécessaire à l'enregistrement de toutes les informations nouvelles de la connaissance, mots, images, visages. Ces malades, privés de leur hippocampe, sont donc amnésiques et ne se rappellent plus le contenu du journal lu une heure auparavant, ou des personnes venues les visiter. Cependant, ces patients gardent les souvenirs antérieurs à leur blessure ou maladie. Des chercheurs ont découvert que ces patients pouvaient néanmoins mémoriser des apprentissages moteurs, mais sans s'en rendre compte. On a donc fait une distinction entre deux grands systèmes de mémoire, la mémoire déclarative, qui est la mémoire consciente des mots, images et visages, et la mémoire procédurale qui concerne la mémoire des habitudes motrices. Faire du vélo, conduire une voiture, nager... font donc partie de cette mémoire procédurale qui est rendue possible par d'autres systèmes du cerveau (corps striés) et notamment le cervelet qui serait le siège des automatismes ; ces automatismes bien consolidés par des milliers de répétitions sont très solides et ne s'oublient quasiment pas.

Dans une question précédente, nous avons vu que l'enfant n'apprend pas mieux que l'adolescent ou l'adulte. C'est vrai comme je l'ai montré pour la mémoire déclarative, mais l'enfant a peut-être (je dis peut-être car c'est un sujet d'étude encore tout nouveau qu'on ne connaît pas entièrement) des acquisitions plus rapides. Il est d'observation courante, par exemple, que les enfants, plus que les adultes, apprennent mieux l'accent d'une langue étrangère lorsqu'ils sont dans un pays étranger ; l'articulation est sans doute un cas de mémoire procédurale alors que le vocabulaire dépend de la mémoire déclarative.

Cependant, il ne faut rien exagérer et si l'on n'oublie pas comment faire du vélo ou comment nager, les performances baissent nettement avec le manque d'entraînement comme on s'en aperçoit avec des apprentissages plus sophistiqués comme le piano.

11
Est-il vrai qu'on apprend mieux en dormant ?

FAUX ! Apprendre en dormant a pourtant produit un certain engouement à une époque et a été proposé comme « fausse » méthode pédagogique sous le nom d'hypnopédie (de hypno qui signifie en grec sommeil et pédie qui a trait à l'école). Des expériences ont montré qu'une liste de chiffres diffusée à des dormeurs ne laisse aucun souvenir à leur réveil. Tout au contraire, on apprend d'autant mieux qu'on est bien réveillé. Les recherches concernent, sous le nom de chronopsychologie, la variation des performances en fonction des moments de la journée, le moment de la sieste étant, comme chacun le sait, le moins bon moment pour apprendre[1]...

En revanche, le sommeil est bon pour consolider des apprentissages de la journée. Les expériences faites sur différents animaux révèlent que pendant certaines périodes du sommeil, où le cerveau est complètement fermé aux

1. Voir Boujon et Quaireau, *Attention et réussite scolaire*, Dunod, 1997.

informations venues de l'extérieur, il existe une forte activité du cerveau, qui permet des mécanismes biochimiques et biologiques consolidant les souvenirs : probablement en construisant des nouveaux contacts entre neurones. Cette phase du sommeil, appelée paradoxale en raison de l'intense activité du cerveau, est d'ailleurs très longue chez les bébés et dans l'enfance ; elle se réduit, en proportion, chez la personne âgée. Le sommeil paradoxal est d'autant plus nécessaire que les nouveaux apprentissages sont nombreux. Il faut donc préserver le sommeil chez les jeunes alors que certains, lors des « bachotages » font tout le contraire.

Apprendre en dormant n'est pas une bonne méthode mais bien dormir, après une journée bien remplie, en est une !

12
Y a-t-il des substances néfastes pour la mémoire ?

Sans développer ce sujet qui est du ressort du médecin ou du neuropharmacologue, il est utile de donner quelques indications. Tout d'abord, il faut mettre en garde les jeunes contre l'ennemi n° 1 de la mémoire, l'alcool. Ce fléau est connu depuis plus d'un siècle lorsqu'un neurologue russe observa que des malades alcooliques chroniques ne parvenaient plus à enregistrer de choses nouvelles, provoquant ainsi une amnésie grave. On sait maintenant que l'alcool, qui tue les cellules, fait mourir en premier cette structure que j'ai plusieurs fois citée : l'hippocampe ; il est un peu l'archiviste de la mémoire en répertoriant les informations nouvelles en mémoire comme un bibliothécaire le ferait de nouveaux livres. Cette amnésie n'est pas totale, puisque les souvenirs antérieurs à la mort de l'hippocampe subsistent, mais quel drame ! Un jeune homme opéré des hippocampes (il y en a deux puisque le cerveau est divisé en deux hémisphères cérébraux), à cause d'une épilepsie grave, est obligé de relire perpétuellement le même journal comme si les informations étaient nouvelles ; ses parents ayant déménagé, il se rend à son ancienne adresse, lorsqu'il s'égare en ville... Certes une consommation modeste n'est pas dangereuse mais il faut être très vigilant, chez les jeunes, à l'égard d'habitudes, comme faire des fêtes très arrosées, qui peuvent conduire à un alcoolisme mondain. Une étude menée avec mes collègues médecins avait révélé que des alcooliques de quarante ans (admis à l'hôpital pour une cure de désintoxication) avaient, aux tests de mémoire, les performances de personnes de soixante-dix ans. À notre époque, où beaucoup de jeunes seront centenaires, il faut apprendre la prudence et peut-être commencer à parler d'une « écologie » du cerveau.

Parmi les produits courants, le tabac est également nocif pour diverses raisons. Son effet d'accoutumance est lié à la nicotine parce qu'elle ressemble à une molécule naturelle du cerveau qui permet la communication entre les neurones (neurotransmetteurs). C'est pour cela que la nicotine est un stimulant du cerveau mais la consommation régulière produit un état de dépendance, nuisible tant à l'organisme qu'au portefeuille. En outre, c'est une pratique dangereuse par le fait que la nicotine stimule entre autres le cœur, avec le risque d'accidents cardiaques que cela comporte, sans parler des substances cancérigènes mais qui ne concernent pas directement notre sujet. La nicotine, ainsi que d'autres substances contenues dans la cigarette produisent également d'autres désagréments contre la mémoire, notamment de réduire le débit sanguin dans le cerveau (en réduisant le volume des vaisseaux sanguins). Tout bien pesé, rien ne vaut le bon air pur plutôt que d'éphémères stimulations !

13
Existe-t-il des médicaments pour améliorer la mémoire ?

Là encore consultez votre médecin habituel pour plus de renseignements, mais voici quelques informations de base. Le cerveau est une mécanique de précision qui met en jeu un nombre conséquent de substances, dont toutes ne sont pas encore connues. Une bonne mémorisation nécessite un cerveau en bon état et les retards intellectuels des enfants des pays pauvres montrent bien les désordres occasionnés par la malnutrition. Au premier rang des substances, les protéines, contenues dans la viande, les poissons et végétaux, sont les briques du cerveau et du corps. Des recherches dans des villages sous-alimentés du Guatemala ont montré une amélioration des acquisitions scolaires chez des enfants qui ont été nourris avec des aliments contenant des compléments en protéines. Les lipides (graisses) sont également nécessaires et assurent l'étanchéité des cellules et l'isolation électrique des neurones ; certes dans nos pays riches, c'est l'excès qui est nuisible plutôt que le manque, mais certaines jeunes femmes, pour ressembler aux mannequins brindilles, sont trop facilement tentées par des régimes draconiens. Même remarque pour les glucides (sucres), l'excès est plutôt la norme dans nos pays, mais le glucose étant le carburant du cerveau (comme des muscles), attention aux régimes trop sévères. On fait moins attention aux vitamines qui sont absolument nécessaires au bon fonctionnement de notre organisme et sans s'en gaver, comme dans certains pays, il est bon de surveiller son alimentation voire de prendre, sous contrôle du médecin, un supplément vitaminique. Ainsi, un des principaux désordres occasionnés sur la mémoire par l'alcool est dû au dérèglement des mécanismes de la vitamine B1, indispensable à l'hippocampe. En Australie, c'est le comble : étant donné les fortes consommations en bière des jeunes Australiens, certains médecins pensent sérieusement à suppléer la bière en vitamine B1. N'est-ce pas grave ?

Quant aux médicaments qui feraient du bien, ils ne sont pas encore connus. Des publicités sont faites pour des substances qui ne sont pas classées dans les médicaments et qui sont vendues dans les supermarchés ou même dans les pharmacies. Mais il faut savoir que les fabricants ont l'obligation de faire la preuve de l'efficacité des substances auprès d'une agence ministérielle, seulement pour les produits appelés médicaments, pas les autres. Par exemple, certains produits présentés dans des rayons diététiques contiennent des lécithines censées améliorer la mémoire, mais qui sont naturellement contenues dans les œufs et le chocolat et qui, par ailleurs, donnent du cholestérol. D'autres produits sont des stimulants et peuvent présenter des dangers pour l'organisme, par exemple un produit couramment utilisé par les étudiants contient une forte concentration de caféine ; ce produit agit donc contre le sommeil et peut avoir des répercussions cardiaques, etc. Au total, il ne faut rien prendre qui ne soit pas dans l'alimentation ordinaire sans le conseil de votre médecin. L'effort des chercheurs est de trouver des substances, et de nombreuses ont été découvertes, qui ralentissent ou compensent les effets du vieillissement pathologique. Ces médicaments, bénéfiques dans certaines maladies, n'améliorent en rien la mémoire des jeunes. Quand tout marche bien, il ne sert à rien d'en rajouter (comme dans la pub)….

14
Le stress est-il bon pour la mémoire ?

Le mot stress a été proposé par le Canadien Hans Selye qui mettait en évidence que des événements désagréables produisent des modifications nerveuses et hormonales très intenses aboutissant notamment à la sécrétion d'hormones corticostéroïdes (hydrocortisone) par les glandes surrénales placées au-dessus des reins. Ces hormones corticostéroïdes libèrent de l'énergie, du glucose, mais à partir des muscles, des os et du tissu lymphoïde des os qui développent les défenses immunitaires. Le système du stress est donc un système de production d'énergie mais c'est en quelque sorte le système d'urgence, de la dernière chance, car il détériore l'organisme. Ainsi a-t-on montré chez le rat que le stress amène une atrophie de l'hippocampe par la lésion de certains neurones spécifiques, qui servent à enregistrer à long terme, et d'autres chercheurs ont montré les mêmes effets chez des militaires en fonction de la durée du temps passé par eux au combat. On peut donc prévoir que le stress à l'école peut être dangereux et plusieurs reportages montrent la face cachée d'un élitisme exacerbé qui amènent le corps enseignant de certains établissements, certains parents et mêmes certains élèves, à pousser jusqu'à ses dernières limites l'entraînement à apprendre. Cette course à l'élite est très dangereuse et aura un coût en terme de santé pour les élèves, la famille : dépression, drogue, agression, anorexie, suicide, comme plusieurs médecins ou psychologues l'ont déjà dénoncé. Les enseignants élitistes eux-mêmes seront un jour pris à leur jeu d'une compétition effrénée et subiront comme les sportifs, la pression des jeunes qui voudront leur lot de médailles. Certaines expressions des élèves révèlent ce stress : « c'est galère », « j'ai la tête qui explose »… Le progrès social ne consiste pas à sortir les enfants de la mine pour les entraîner vers l'hôpital !

15
La mémoire est-elle la faculté des imbéciles ?

JE NE SAIS PLUS qui a dit que la mémoire est la faculté des imbéciles mais on entend fréquemment ce genre de propos qui me semble lointainement provenir de la conception de Descartes. Celui-ci avait fustigé un charlatan de son époque, Lambert Schenkel, pour sa méthode absurde consistant à apprendre des milliers d'images pour avoir une bonne mémoire. Mais, faisant un amalgame et confondant la mémoire tout entière avec cette méthode absurde, Descartes privilégia la raison (le raisonnement) en déclarant que la mémoire ne servait à rien pour les connaissances et que la déduction permettait de reconstruire toute la connaissance. Dans toute l'œuvre de Descartes, on ne trouve cité le mot mémoire que très rarement. De ce grand savant date, selon moi, cette conception appauvrissante de la mémoire que l'on retrouve parfois. Certains pensent par exemple que les déficients mentaux, appelés autrefois imbéciles ou idiots, ont une très bonne mémoire. Cette croyance part d'une généralisation hâtive à partir de quelques cas. Ainsi Théodule Ribot, le père de la psychologie scientifique en France, citait dans son livre *Les*

Maladies de la mémoire (1881) le cas d'un oligophrène (déficient profond) qui avait retenu depuis trente-cinq ans les dates de tous les enterrements de sa paroisse, le nom et l'âge de la personne décédée et le nom de toutes les personnes qui avaient participé à la cérémonie. Ce type d'observation est exact mais correspond à un tout petit nombre de cas chez les déficients mentaux qu'on nomme les « autistes savants ». Chez ces individus, tout se passe comme si une grande partie de leur cerveau était dévolue à une seule activité ; tel enfant, par exemple, excellera dans les nombres et sera capable d'apprendre le calendrier perpétuel et des dates tandis que tel autre aura une mémoire visuelle fantastique qui lui permettra de redessiner de mémoire les façades de bâtiments complexes ; mais, à côté de ces prouesses, ces enfants ou adultes ont un langage très pauvre et ne parviennent pas à apprendre à lire. En dehors de ces phénomènes rarissimes, la grande majorité des enfants déficients souffre malheureusement d'une mémoire déficiente. D'ailleurs les tests mentaux, dits d'intelligence, qui mesurent les capacités mentales, comprennent différentes épreuves de mémoire. Par exemple, le test d'intelligence le plus utilisé et le plus traduit dans le monde comporte onze épreuves et plusieurs d'entre elles mesurent la mémoire à court terme (répéter la plus longue suite de chiffre possible), la mémoire du vocabulaire et la mémoire des connaissances ; le test contient par ailleurs une épreuve de calcul mental qui nécessite la mémoire des tables et par ailleurs une bonne mémoire à court terme. Au total, la déficience est attestée par une performance insuffisante dans plusieurs épreuves dont beaucoup mesurent différentes mémoires.

À l'inverse, les individus brillants se caractérisent par de très bons scores de mémoire et mes recherches ont montré que les élèves de collège ayant les meilleurs résultats sont aussi ceux qui, dans des tests, connaissent le plus de vocabulaire de manuels scolaires. Certaines performances fascinent par leur caractère extraordinaire ; des chefs d'orchestre, comme Toscanini ou Karajan, dirigeaient de mémoire des partitions aussi complexes que des opéras ou des symphonies. Parce qu'on les côtoient plus fréquemment, on banalise des performances tout aussi extraordinaires, celles de l'historien qui connaît des milliers de dates, du pharmacologue avec ses milliers de composés chimiques, du journaliste sportif, de l'écrivain qui a un vocabulaire de centaines de milliers de mots, de certains acteurs qui peuvent mémoriser des milliers de lignes d'un texte. Et que dire enfin de Rajan, ce professeur d'une université américaine qui possède une mémoire vertigineuse des chiffres et est inscrit dans le livre des records pour avoir été capable de réciter trente mille chiffres du nombre *pi*…

16
Quelle est la différence entre mémoire et intelligence ?

D'AILLEURS, QUELLE EST LA DIFFÉRENCE entre mémoire et intelligence ? La mémoire peut être définie facilement et correspond assez bien à l'idée que l'on s'en fait dans la vie courante. La mémoire est l'ensemble des mécanismes tant biologiques que psychologiques qui permettent d'enregistrer et de restituer les informations. Mais, par rapport à la vie courante, la mémoire est plus vaste qu'on ne le pense généralement et il faut se rappeler qu'elle ne fait pas qu'enregistrer les souvenirs mais aussi les dizaines, parfois centaines, de milliers de mots du vocabulaire et leur sens, des langues étrangères pour certains d'entre nous, mais parfois aussi une deuxième langue, qu'elle soit une langue régionale ou des mots patois ou argotiques. La mémoire, nous le verrons, contient aussi des milliers d'images, de celle du petit cochon rose à l'image d'une pyramide, des milliers de visages, des tables d'addition et de multiplication (qui néanmoins se désapprennent avec le manque d'entraînement), etc. À l'inverse, l'intelligence n'est pas si facile à définir. Grâce aux résultats scientifiques édifiés sur un siècle de recherche, on pourrait dire que l'intelligence recouvre trois sens principaux. Dans un sens, très courant, l'intelligence est synonyme de capacités mentales en général, et l'on parle actuellement de « cognition » (du mot *cogito,* qui signifie en latin « esprit »). C'est dans ce sens, qui inclut celui de mémoire, que sont construits un grand nombre de tests d'intelligence dont le plus connu regroupe onze épreuves allant d'un examen du vocabulaire à la rapidité à effectuer un puzzle. Le deuxième sens d'intelligence est celui de culture et ce sens correspond en fait à la mémoire, au sens moderne du terme, puisqu'il faut bien une mémoire pour enregistrer les mots du vocabulaire, leur sens et les connaissances. Le troisième sens d'intelligence est celui de raisonnement, la fameuse raison de Descartes, et correspond le mieux au terme d'intelligence au sens strict. Le raisonnement est l'ensemble des mécanismes qui permettent de manipuler des éléments, de les recombiner pour déduire des choses nouvelles : c'est par exemple trouver la solution d'un problème, faire un puzzle, résoudre une énigme. Les recherches modernes montrent enfin que mémoire et raisonnement sont liés : la mémoire du sens pourrait provenir d'un sorte de raisonnement sur le texte et réciproquement, on raisonne d'autant mieux que l'on dispose de beaucoup de connaissances en mémoire...

17
La mémoire photographique existe-t-elle ?

Si l'on en croit l'idée populaire, les élèves et nous-mêmes aurions une « mémoire photographique ». Tel acteur par exemple, répondant à un journaliste, racontait qu'il « lisait » dans sa tête en tournant les pages. Tel élève pense « voir » dans sa tête la page de sa leçon, etc.

Cette croyance, relayée parfois par des pédagogues peu au fait des développements scientifiques, est un reste fossile de la théorie des mémoires partielles de la fin du XIXe siècle, défendue notamment par le grand neurologue Charcot. Selon cette théorie, il existerait une mémoire associée à chacun de nos sens, de sorte qu'il y aurait une mémoire visuelle, une mémoire auditive, une mémoire olfactive, etc. Cette idée est en partie juste mais, ce qui est complètement faux, c'est la conception selon laquelle la mémoire se résume entièrement dans ces mémoires sensorielles.

Concentrons-nous tout d'abord sur la mémoire photographique visuelle. Des études en laboratoire ont bien montré qu'il existait une mémoire visuelle mais celle-ci a deux caractéristiques qui font que les chercheurs ne veulent pas la qualifier de « photographique » mais plutôt de mémoire iconique (ou encore de mémoire sensorielle visuelle). La première caractéristique est que cette mémoire est très éphémère. Lorsqu'on projette sur un écran un tableau de trois rangées de quatre lettres, on s'aperçoit que le temps de rappeler quatre lettres, les sujets de l'expérience oublient les autres parties du tableau. Des expériences plus compliquées montrent que la durée de cette mémoire serait d'environ un quart de seconde. Il est donc impossible de mémoriser une page entière d'un manuel !

Nous pourrions nous lamenter d'avoir une si piètre mémoire mais, comme vous allez le découvrir, c'est au contraire une grande qualité. En effet, les études sur la lecture[1] indiquent que nos yeux sont en perpétuel mouvement ; lorsqu'on filme les yeux, on s'aperçoit qu'ils s'arrêtent pour faire des pauses sur un mot, puis ils sautent pour se poser à nouveau sur un autre mot. Une pause s'appelle une fixation et c'est pendant cette fixation que les lettres du mot sont analysées dans une mémoire spéciale. Puis les yeux sautent sur un autre mot, c'est la saccade oculaire. Or, le temps moyen de fixation est d'un quart de seconde. Ainsi, en comptant le temps des saccades, il y a environ trois fixations par seconde soit trente fixations en dix secondes, etc. Imaginons un instant que la mémoire iconique dure dix secondes, le premier mot resterait en mémoire pendant dix secondes, le deuxième mot aussi, ainsi que le troisième, etc., et ainsi de suite pour les trente mots fixés pendant cet intervalle de dix secondes. Les lettres de ces trente mots se mélangeraient : ce serait un tel

1. Éric Jamet, *Lecture et réussite scolaire*, Dunod, 1997.

embrouillamini que la lecture deviendrait impossible. Comme le mécanisme des fixations et des saccades est le même pour la vision des visages ou des objets autour de nous, ce serait un mélange de trente visages et objets que nous aurions devant nos yeux en permanence. En une heure, puisque dans cette durée il y a trois mille six cents secondes, ce serait plus de dix mille images qui se mélangeraient. Imaginez donc ce qu'il en serait si la mémoire visuelle était vraiment durable comme une photographie. Heureusement, il n'en est rien tout simplement parce que la mémoire visuelle ou iconique ne garde les informations que pendant un quart de seconde ; lorsque les yeux sautent sur un autre mot ou une autre image, la précédente s'est effacée, comme sur un bon écran de télévision qui ne garde la trace de la précédente image qu'un très court instant.

Mais ce n'est pas tout, car si la mémoire iconique est éphémère, elle a une capacité très restreinte due aux caractéristiques de notre œil. L'œil est tapissé d'une mosaïque de cellules photoréceptrices qui transforment la lumière en influx nerveux : les cônes « voient » en couleur et les bâtonnets « voient » en noir et blanc. D'une façon générale, plusieurs récepteurs (dix, cent jusqu'à dix mille) sont disposés en grappe et les influx nerveux sont canalisés sur un seul câble commun. Comme le cerveau n'est informé de ce qui se passe dans l'œil que par les câbles, inutile de vous dire que la vision donnée par l'ensemble de l'œil n'est pas très nette. En revanche, au centre de l'œil, tout se déroule admirablement puisque chaque cellule réceptrice a son petit câble personnel, un téléphone portable en somme, qui lui permet d'envoyer avec précision au cerveau ce qui se passe en face. C'est uniquement grâce à cette zone centrale que notre acuité visuelle est très bonne (par convention dix sur dix). L'acuité est excellente mais seulement dans cette petite zone qui ne peut voir que dans un angle de deux à quatre degrés, un peu comme à travers le chas d'une grosse aiguille ; voilà d'ailleurs pourquoi nos yeux sont sans arrêt en train de bouger, pour amener un visage ou un mot en face de cette zone, sinon le pourtour reste flou. Voici donc la deuxième raison pour laquelle la mémoire iconique n'est pas du tout une mémoire photographique ; car nous ne pouvons « photographier » la page d'un manuel, puisque une fixation ne peut enregistrer qu'une toute petite portion de l'espace, en gros un mot quand nous lisons et un seul visage lorsque nous sommes à la terrasse d'un café.

Pourtant, si nous avons bien l'impression de voir cette page, c'est parce notre cerveau fait une merveilleuse synthèse d'image et nous berce d'illusions. Par exemple, nous avons deux yeux et cependant nous ne voyons qu'une image ; les objets, par suite des particularités de notre œil (le cristallin forme une lentille convergente) sont projetés à l'envers sur le fond de l'œil, et cependant nous voyons les objets et les gens à l'endroit : c'est le cerveau, qui, à nouveau, rétablit le tout. Mais faites donc le petit exercice suivant pour vous convaincre que nous n'avons pas de mémoire photographique. Fixez pendant cinq secondes la page suivante du livre. Puis en le refermant, essayez en vous représentant visuellement cette page, de compter la dixième ligne en partant du haut : vous y êtes... maintenant, comptez le septième mot en partant de la gauche. Vous verrez par vous-même ainsi que vous êtes incapable de « lire » cette image mentale, et qu'elle n'est... qu'une belle imagc virtucllc...

18
Les élèves ont-ils une mémoire visuelle ou auditive ?

SELON LA MÊME théorie populaire issue de la théorie de Charcot au XIXe, certains individus auraient une mémoire sensorielle prédominante ; certains seraient visuels, d'autres auditifs, olfactifs, moteurs, etc. On disait que Balzac était un olfactif, que les peintres étaient des visuels et naturellement que les musiciens étaient des auditifs. Cette théorie est fausse dans cette forme simpliste et il suffit de se rappeler que Beethoven était sourd lorsqu'il composa ses dernières symphonies pour comprendre que la mémoire est plus abstraite que cela. Les musiciens, par exemple, ont mis au point un langage des sons musicaux, le solfège, et c'est bien sûr cette mémoire du solfège qui est essentielle. De même, on croyait que les joueurs d'échecs étaient des visuels mais de nombreuses expériences ont montré que les bons ou grands joueurs n'ont une excellente mémoire que pour les pièces d'un échiquier et non pour des objets quelconques placés au hasard sur une table. Certains chercheurs ont fait mieux encore et ont montré que des maîtres au jeu d'échec perdent leur mémoire fantastique si, au lieu de leur faire mémoriser les pièces (pions, roi, reine, fou, etc.) issues d'une partie normale, on met les pièces en désordre sur l'échiquier. Il ne faut pas oublier, là encore, le rôle de l'entraînement, certains maîtres s'étant entraînés pendant des milliers d'heures et possédant donc des centaines de parties en mémoire, de même qu'un historien a en mémoire des milliers de dates.

Les mémoires sensorielles ne constituent donc pas l'essentiel de notre mémoire de la vie de tous les jours et de la mémoire qui sert à l'école. Cependant ces mémoires existent bien, mais elles sont de courte durée. Par exemple, lorsque l'on compare, dans une expérience, l'efficacité de la mémorisation selon que des mots sont présentés visuellement ou auditivement, on s'aperçoit d'effets différents au cours du temps. Ainsi, lorsque le rappel est immédiat, les mots présentés auditivement sont mieux rappelés que les mots qui ont été donnés visuellement. On pourrait dire que nous sommes tous des auditifs à court terme ; ces expériences ont été réalisées de multiples manières, en utilisant des lettres, mots, ou textes, à la fois sur des étudiants de vingt ans et des enfants. Ce résultat n'est pas fait pour nous étonner si l'on se réfère à la question précédente où il apparaissait que la mémoire visuelle (iconique) ne dure qu'un quart de seconde. La mémoire auditive dure un peu plus, environ trois secondes, ce qui lui assure une supériorité relative. Mais attention, cette supériorité ne dure elle aussi que peu de temps, trois secondes. Dans la vie courante, cela laisse juste le temps de prendre de quoi écrire un numéro que l'on vient d'entendre mais l'avantage de la mémoire auditive est trop court pour avoir une application en pédagogie.

Comme je l'ai annoncé, les effets de la présentation visuelle et auditive sont différents dans le temps. Car, si à court terme (immédiatement ou dans un délai de trois secondes), la présentation auditive donne un meilleur rappel, ce n'est plus le cas après, par exemple dix secondes plus tard : le visuel et l'auditif donnent les mêmes résultats. Ce phénomène est à l'origine de la théorie moderne de la mémoire. La mémoire n'est pas unique, ce n'est pas un grenier dans lequel seraient entassées des images visuelles ou auditives mais la mémoire ressemble plus à un ordinateur avec différents composants spécialisés, les modules. Prenons l'exemple plus simple d'un immeuble. Au rez-de-chaussée se situent les entrées avec principalement l'entrée visuelle et l'entrée auditive. Les mots n'existent pas à cet étage mais sont simplement analysés comme des suites de caractères et forment un « colis » ; à ce stade, les mots connus ne sont pas différenciés des mots inconnus (par exemple écrits en anglais ou en russe) ; d'autres mots arrivent pas l'autre entrée de l'immeuble, l'auditif, et forment d'autres colis. Ensuite les colis sont acheminés à l'étage supérieur, qui est très important, car là se situe une immense bibliothèque, celle de tous les mots appris dans l'existence. Chaque nouveau « colis-mot » va être comparé pour voir si ce mot existe déjà dans la bibliothèque. C'est pour cela que nous avons l'impression d'un « déjà vu » lorsque nous voyons un mot comme « abeille », et non pour un mot inconnu, comme « bulzomi ». Cette mémoire des mots est appelée « mémoire lexicale » du mot grec lexi qui signifie « mot ». C'est la mémoire lexicale qui est une de nos principales mémoires, c'est elle qui nous permet d'apprendre les mots d'un texte, un poème par cœur, ou les noms qu'il faut mettre sur un visage ou une œuvre d'art. La bibliothèque de la mémoire lexicale contient des milliers de mots, et plusieurs dizaines de milliers chez l'adulte cultivé.

19
Comment s'explique le « mot sur le bout de la langue » ?

POUR L'ÉLÈVE, comme pour l'adulte, il est courant de chercher un nom commun, un nom propre. Ce mot pourtant, on le sait, revient soudainement sans prévenir quelques minutes ou une heure plus tard. On sent qu'on le connaît, qu'il est prêt à sortir, on dit qu'il est « sur le bout de la langue »…. À quoi est dû ce bien étrange phénomène, inexplicable si l'on suppose une seule et unique mémoire ? En revanche, le mystère s'éclaircit dans la théorie moderne basée sur l'idée que la mémoire est subdivisée en plusieurs modules, ou en plusieurs étages pour reprendre la comparaison de « l'immeuble-mémoire ». Les recherches montrent en effet que la mémoire lexicale est une belle bibliothèque mais bien curieuse qui contient la carrosserie des mots mais pas leur sens, un peu comme une voiture sans moteur. Pas pratique, me direz-vous ? Eh bien si, et très économique en tout cas, car la même carrosserie lexicale va servir pour porter plusieurs sens. Prenez le mot « disque » par exemple, il est utilisé pour désigner un disque de musique, un disque de stationnement, un cercle plein en mathématiques, le disque solaire des Égyptiens en histoire, le disque de l'épreuve d'athlétisme, le disque entre les vertèbres en anatomie, que sais-je encore... Il existe donc une autre mémoire, à l'étage supérieur, qui contient le sens, la signification des choses et des mots. Les chercheurs l'ont appelée la « mémoire sémantique » du grec sémios qui signifie le « signe ». La mémoire sémantique constitue notre mémoire la plus puissante comme on peut le constater dans de simples observations courantes. Ainsi, d'un film que vous voulez raconter à vos amis vous serez capables, même après des mois, de décrire les grands moments du scénario, de décrire les personnages et les principales intrigues. Mais ce récit, vous le ferez avec vos mots à vous et non bien sûr en répétant fidèlement les dialogues réels du film. Vous avez donc retenu le sens du film, le sens des personnages, c'est ce qui a été mémorisé dans votre mémoire sémantique. La mémoire sémantique est donc abstraite, elle ne retient que la signification des choses sans retenir les mots exacts (ce qui est la mémoire lexicale). Mais cette mémoire, qui pourrait paraître imparfaite, est très puissante et dure des mois, des années et même toute une vie, pour les principaux épisodes de votre vie que sont les souvenirs.

Parfois, rien ne va plus entre la mémoire lexicale et la mémoire sémantique, on a l'idée (mémoire sémantique) mais on ne parvient pas à trouver le mot correspondant, à l'autre étage : c'est précisément le « mot sur le bout de la langue ». Très souvent, c'est une erreur d'aiguillage qui empêche la production du mot recherché, on pense à un mot (plus fréquent ou que l'on a utilisé récemment) qui ressemble phonétiquement. Des études créant artificiellement le « mot sur le bout de la langue » avec des mots assez rares montrent que les sujets de l'expérience ne trouvent pas les mots mais énoncent, souvent avec exactitude, la bonne syllabe de départ. Une fois par exemple, cherchant le nom de l'acteur qui double en français tel acteur américain, le mot « baladin » me venait constamment à l'esprit, alors qu'il s'agissait de l'acteur Jacques Balutin.

D'ailleurs, voici un petit truc (pas infaillible bien sûr) à mettre en pratique quand vous êtes victime du « mot sur le bout de la langue », bien pratique par exemple lorsqu'on oublie le prénom de quelqu'un après les vacances ; faites mentalement défiler l'alphabet : a, b, c, d… (sans oublier le « ch » qui n'est pas dans l'alphabet) et souvent, le prénom revient en mémoire !

20
Quelle est la meilleure mémoire, celle des mots ou celle des idées ?

La puissance de la mémoire sémantique est révélée par des expériences où l'on fait apprendre un texte (par exemple une page) dont on vérifie la mémorisation en posant des questions après des délais variés. On s'aperçoit que la mémoire des mots exacts employés dans le texte n'est pas conservée au-delà d'une semaine et que les sujets confondent le mot exact avec un synonyme (exemple navire pour voilier), mais que les grands thèmes abordés dans le texte sont conservés sur plusieurs mois, les trois quarts étant encore correctement reconnus après huit mois.

La mémoire sémantique, celle des idées, est donc la plus puissante, et celle qui conserve les informations sur la plus longue durée. On est loin, lorsqu'on parle de mois, du caractère éphémère de la mémoire iconique avec sa durée d'un quart de seconde.

Cependant, dans la vie courante, et surtout sur le plan scolaire, la mémoire lexicale est fondamentale car les idées restent vagues sans la précision des unités lexicales que sont les mots. Il est nécessaire (sans exagération, on le verra plus loin) de retenir les mots clés d'un cours. Si un élève ne retient d'une leçon sur l'Égypte qu'il n'y a que des rois, des secrétaires et que les Égyptiens construisent des grands tombeaux en forme de triangle, c'est évidemment insuffisant, et la progression dans la connaissance nécessite l'acquisition d'un certain nombre de mots clés, comme pharaon, scribe, pyramide, etc. Les deux grandes mémoires sont donc indissociables, ce sont la mémoire sémantique (des idées, des concepts...) et la mémoire lexicale (des mots).

21
Apprend-on mieux en lisant ou en écoutant ?

SOUVENT, certains élèves ou adultes disent « je suis un visuel », car j'apprends mieux en lisant qu'en écoutant. Nous avons vu que c'était plus compliqué puisqu'en réalité la page du livre n'est pas enregistrée dans une mémoire photographique mais transite seulement dans une mémoire iconique qui fait que les séquences de lettres sont vite transformées en mots (mémoire lexicale) et en concepts (mémoire sémantique). Cela dit, l'observation que l'on apprend mieux en lisant est tout à fait juste comme le montrent différentes expériences. Ainsi, dans une étude chez des élèves de sixième où nous avons comparé différents modes de présentation d'un documentaire (nous verrons plus loin le cas de la télévision) la lecture a donné de bien meilleurs résultats dans un questionnaire, presque le double, que le cours oral (basé sur le même texte). La principale raison est liée aux mouvements des yeux dans la lecture.

Ainsi, lorsque la lecture d'un document ne se fait pas sur un livre mais sur un écran d'ordinateur, les mots défilent à vitesse régulière et l'on ne peut revenir en arrière ni s'arrêter plus longtemps sur des mots difficiles ; on s'aperçoit alors que la lecture est ici peu efficace. En effet, la lecture n'est pas, comme nous l'avons vu, une photographie mais s'apparente plus à une recherche du sens des graphismes vus par l'œil. Si l'œil, tel une caméra, photographie par exemple « l'animal est près de l'arbre et est en train de manger... », ces caractères sont très vite identifiés en mémoire comme des mots et le sens de ces mots très familiers est très vite disponible. Mais si l'œil lit une phrase comme « le tyrannosaure surgit des fougères arborescentes pour dévorer un tricératops », plusieurs mots vont demander un temps d'identification et de recherche de sens plus long. Par exemple, si la durée du regard est d'environ un quart de seconde sur un mot familier (animal), il peut être deux fois plus long (une demi-seconde) pour un mot complexe ou peu connu comme « tyrannosaure ». Si le mot est inconnu..., c'est l'arrêt complet pour chercher dans le dictionnaire ou pour demander à papa ou maman.

De même, dans de telles expériences, l'enregistrement des yeux par caméra montre que l'œil revient en arrière (ce sont des régressions). Eh bien, le nombre de régressions double également lorsque les mots sont rares ou difficiles. Ces mécanismes de durée allongée du regard ou de retour en arrière ne peuvent évidemment pas avoir lieu lors de l'audition d'un cours oral ou de l'écoute d'une émission radio. Voilà donc pourquoi la lecture est supérieure à un cours oral (ou la radio). Sous des dehors familiers, la lecture est un moyen extraordinaire de « pêche » aux informations, car elle permet une autorégulation selon la difficulté du texte. On ne lit pas à la même vitesse un magazine de télévision qu'un manuel scolaire...

22 Faut-il comprendre ou apprendre par cœur ?

De préférence, il faut comprendre pour apprendre et la mémorisation n'en est que meilleure puisque la mémoire sémantique (du sens, des idées) est la plus résistante de nos mémoires. Ainsi demander de lire un texte, en cherchant des synonymes pour certains mots soulignés, oblige à analyser les mots sur le plan sémantique, c'est-à-dire oblige à comprendre ; cette méthode est très efficace lorsqu'on demande ensuite de rappeler les mots du texte. En revanche, lorsqu'on oblige à analyser les mots seulement sur le plan lexical avec la consigne de chercher des fautes d'orthographe, le rappel est alors moins performant. La mémoire avec analyse sémantique est donc plus performante que la simple analyse lexicale.

Cela dit, la compréhension est basée sur une mémoire abstraite qui ne retiendra donc pas forcément les mots exacts du document mais des synonymes ou des mots plus généraux. La mémoire sémantique est une bibliothèque classée par catégories et ces catégories sont elles-mêmes subdivisées dans des catégories plus petites (animal-vertébré-poisson-requin) de sorte que si, dans la lecture, un mot est peu familier, il est très probable que plus tard, le mot qui viendra à l'esprit lors d'une interrogation sera un mot familier plus général comme, par exemple dinosaure au lieu de Tyrannosaure, ou encore pharaon au lieu de Ramsès II. Donc, dans le cas d'une lecture ou d'un apprentissage scolaire, il faut à la fois comprendre pour construire et enrichir la mémoire sémantique, mais il faut également apprendre par cœur pour construire et enrichir la mémoire lexicale. Ainsi, la compréhension apparaît comme le moteur de la mémoire sémantique tandis que l'apprentissage par cœur est le moteur de la mémoire lexicale. Afin d'apprendre des mots complexes sur le plan orthographique, comme le pharaon Toutankhamon, il ne faut pas hésiter à l'écrire de nombreuses fois tout comme il faut répéter de nombreuses fois la prononciation des mots étrangers, à l'instar des laboratoires de langue. La familiarité des mots usuels, bateau, table, avion, vient précisément du fait que ces mots sont sans cesse répétés.

Il est aisé de remarquer que la lecture de loisir, la lecture du roman du soir ou des vacances n'est qu'une lecture sémantique : on en comprend certes le sens, et nous pouvons raconter le livre d'une façon générale. Mais quel oubli ! Très vite vous avez remarqué que l'on oublie les noms des personnages et des noms nouveaux. Après avoir lu ou vu *Jurassic Park*, aucun d'entre nous n'aura retenu, s'il n'est pas spécialiste, le nom des nombreux dinosaures cités, peut-être tout au plus Tyrannausaurus Rex mais le nom des héros et celui des dinosaures vedettes, les raptors ? La lecture pédagogique, pour apprendre, nécessite donc plus de méthode par rapport à la lecture sémantique, pour le plaisir... Une des principales méthodes, bien qu'elle ait mauvaise presse, c'est la répétition.

23
La répétition est-elle utile ?

Après avoir été encensée dans les anciennes pratiques pédagogiques, la répétition n'est plus franchement à la mode et elle est volontiers qualifiée d'apprentissage stupide. Et pourtant, la répétition est le mécanisme de base des cellules nerveuses. Comme la mémoire repose en dernier lieu sur des connexions entre neurones, la répétition est le mécanisme qui assure la force de ces connexions. Par exemple, dans le célèbre conditionnement de Pavlov, il faut répéter au moins cinquante fois le son du métronome avec la récompense pour que le chien salive lorsqu'il entend le son. Même si la mémoire humaine est beaucoup plus sophistiquée que celle des animaux, la répétition n'en reste pas moins une loi de base. Par exemple, la conduite automobile, les jeux vidéo nécessitent de longues périodes d'apprentissage et l'on sait que les champions modernes s'entraînent de nombreuses heures par jour pendant des années comme nous le verrons à propos des mémoires prodigieuses.

La répétition prend d'ailleurs des allures très variées. Distinguons pour simplifier la répétition lexicale, le par cœur et la répétition sémantique, du sens. Le par cœur est la répétition de la mémoire lexicale tandis que la répétition sémantique est plus subtile et se fait par répétition des épisodes. Prenez l'exemple de Sherlock Holmes ; dans une page, vous lisez (et donc vous enregistrez) qu'il a un ami, le Dr Watson, dans un autre paragraphe, qu'il est détective privé, puis plus loin qu'il aime réfléchir en fumant dans son fauteuil, etc. Bref, au fil des pages, différents épisodes vont ajouter une parcelle d'information pour enrichir le personnage et, après avoir lu une histoire ou plusieurs, un tissu d'informations va enrichir progressivement le « sens » du personnage dans la mémoire sémantique. Pourtant, vous n'aurez pas eu l'impression de rabâcher, car cette fois c'est une répétition d'épisodes qui ne se ressemblent pas et qui ajoutent chacun une parcelle de sens. C'est la raison pour laquelle, chez les chercheurs actuels, la lecture est vue comme une méthode de choix pour enrichir la mémoire sémantique ; par le même mécanisme, les documentaires télévisés apportent des informations à la mémoire. On répète mais sans s'en rendre compte !

24
Est-il mauvais de vocaliser en apprenant ?

Que n'a-t-on pas dit du rabâchage, de la répétition par cœur... comme un perroquet. De fait, une observation courante semble discréditer cette pratique. Un élève lit à voix haute un texte, il le lit parfaitement, mais si l'on vient à l'interroger ensuite, on s'aperçoit qu'il n'a rien compris... il a lu comme un perroquet. De même, on observe fréquemment que les enfants bougent les lèvres en lisant ; cette vocalisation silencieuse, les chercheurs l'appellent « subvocalisation » et l'on s'est aperçu qu'elle était permanente soit dans la lecture, soit au cours de la mémorisation. L'adulte, sans toujours s'en rendre compte, fait de même, mais la subvocalisation est si bien intériorisée que le mouvement des lèvres ne se voit guère. À quoi sert cette subvocalisation ? Est-ce le reste d'une vieille habitude de lire à voix haute à l'école et qui, dès lors, ne sert plus à rien ou est-ce un mécanisme utile à la mémorisation ? De nombreuses études ont été ainsi menées pour répondre à cette question. Si la vocalisation ne sert à rien, alors, la supprimer ou l'empêcher ne devrait pas diminuer l'efficacité de la mémoire. Les résultats sont édifiants : si l'on supprime la subvocalisation lors de la mémorisation d'un texte (lu ou entendu), en faisant répéter sans arrêt « lalalalalala... », on s'aperçoit que le rappel des mots ou les réponses à des questions sur le texte diminuent d'environ quarante pour cent. D'autres recherches ont montré que la subvocalisation avait même plusieurs rôles bénéfiques. Le plus important est de répéter quelques mots afin de constituer ainsi une véritable mémoire auxiliaire ; sans vous en rendre compte c'est de cet « aide-mémoire » dont vous vous servez lorsqu'on vous donne un numéro de téléphone ou un jour de rendez-vous. Vous le subvocalisez le temps de trouver de quoi écrire. Mais cette répétition a un rôle plus essentiel dans la compréhension même des phrases. Par exemple, si je lis la phrase « la pêche est vraiment bonne, quoique moins sucrée par rapport à celle que j'ai mangée hier », il faut avancer dans la phrase pour comprendre par les mots « sucrée » et « mangée » que la pêche dont il s'agit est le fruit et non la pêche à la ligne. Or, la mémoire visuelle ou auditive est si courte (trois secondes pour la mémoire auditive) qu'il est nécessaire de répéter le début de la phrase pour s'en rappeler au moment où l'on arrive vers le milieu ou la fin de la phrase. La répétition permet donc de garder plus longtemps en mémoire certains mots clés de la phrase, qu'elle soit lue ou entendue. D'ailleurs, on s'est rendu compte que la subvocalisation est d'autant plus utile que le texte est complexe.

La subvocalisation est donc très utile et c'est une bonne habitude dont il ne faut pas chercher à se débarrasser. Il faut au contraire chez le jeune enfant valoriser cette pratique de lire à voix haute, puis silencieusement, et l'entraînement aboutira à la subvocalisation parfaitement intériorisée de l'adulte.

25
Peut-on apprendre en écoutant de la musique ou la télévision ?

Une réflexion courante des jeunes est de dire qu'apprendre leur leçon ou leur cours en écoutant leur radio préférée les aide à se concentrer. Çà n'est pas vraiment le cas, bien au contraire, et cette réflexion est un bon exemple de ce qu'il faut, comme dans d'autres sciences, faire des expériences, car en psychologie on ne peut pas prendre pour argent comptant ce que les gens disent d'eux-mêmes, encore moins les enfants, contrairement à l'adage « tout ce qui sort de la bouche des enfants est vérité ». Des expériences ont commencé pour étudier les effets du bruit sur la mémoire. Des bruits simples, comme celui de la circulation ou de l'aspirateur, ne gênent pas la mémorisation. De même, la musique pure – classique ou jazz –, ne gêne pas. En revanche, dès qu'il y a des paroles, comme c'est le cas des chansons, il y a une baisse de l'efficacité de la mémorisation pouvant atteindre quarante pour cent. Cette baisse d'efficacité est très compréhensible dans la théorie de la mémoire lexicale ; comme on l'a vu avec des réponses à diverses questions, les mots lus ou entendus sont d'abord analysés respectivement dans les mémoires visuelle et auditive, mais très vite, l'essentiel du travail de recherche et d'identification des mots se fait dans les mémoires lexicale et sémantique. Au total donc, les mots lus dans le cours sont analysés dans la mémoire lexicale mais les mots entendus dans la chanson sont également analysés dans la même mémoire lexicale. Cette mémoire faisant double travail, elle perd en efficacité comme lorsqu'on fait deux choses en même temps : il ne faut pas chasser deux lièvres à la fois. D'autres études montrent que l'écoute dans la langue naturelle, le français pour nous, provoque plus de gêne que l'écoute dans une langue étrangère comme les chansons en anglais. La raison en est que les mots ne sont pas seulement construits en mémoire lexicale (où il n'y a que la carrosserie des mots) mais également en mémoire sémantique, où le sens est analysé. Lorsque les mots sont compris dans la chanson, il y a un double travail, à la fois dans la mémoire lexicale mais aussi dans la mémoire sémantique. Des études ont ainsi montré qu'apprendre des leçons d'histoire ou de biologie, ou apprendre un poème en écoutant des chansons françaises ou simplement le commentaire des publicités ou d'une série à la télévision (sans voir l'image), produit une baisse de la note à 7/20 alors que les élèves ayant appris dans le calme ont une note moyenne de 13/20 : leçon ou chanson, il faut choisir...

26
Les images aident-elles la mémoire ?

Le rôle des images dans la mémoire est une question très ancienne puisque, dans l'Antiquité, on apprenait beaucoup en faisant des images mentales. Descartes quant à lui trouvait que cela n'était bon que pour les charlatans. Or, le développement des médias basés sur l'image, le cinéma, la télévision, la bande dessinée, et maintenant le multimédia, a amené les chercheurs à se pencher sérieusement sur la question.

Lorsque les images sont familières – un chat, une tulipe, une horloge –, il est plus efficace d'apprendre sous forme d'images que sous forme de mots. Cette efficacité se retrouve à tous les âges, puisque la mémorisation des images est supérieure à celle des mots, des tout-petits aux grands de vingt ans ; et même les personnes très âgées se rappellent mieux ce qui a été présenté sous forme d'images que de mots. Attention cependant à ne pas faire de confusion, car, pour la plupart, la mémoire des images est confondue avec la mémoire visuelle et beaucoup disent avoir une mémoire photographique car ils ont en tête une image de la page de leur livre, etc. En fait, l'image mentale n'est pas du tout une photographie de la page du livre, ou de l'objet que l'on regardait, mais une véritable image virtuelle : le cerveau fait depuis longtemps de la synthèse d'images, ce que les ordinateurs commencent à réaliser. Lorsque, par exemple, je vous demande de vous imaginer un petit cochon, c'est une image stylisée, artificielle, d'un beau petit cochon bien rose, qui vous vient à l'esprit ; allez donc à la campagne et essayez de trouver ce beau petit cochon rose et vous verrez que dans la nature, il a oublié de prendre sa douche. Ce fait est apparu dans différentes études ; par exemple, lorsque sur des diapositives soumises à des enfants, des objets ou des animaux sont représentés, soit avec leur couleur naturelle (un cochon rose) ou avec d'autres couleurs (un citron bleu), on s'aperçoit que les enfants se rappellent les objets, animaux ou plantes, avec leur couleur naturelle ; ils n'ont pas rappelé une image photographique de ce qu'ils ont réellement vu, mais une image type, répertoriée dans leur mémoire. En effet, de même que nous avons une mémoire lexicale pour la carrosserie des mots et une image sémantique pour leur sens, nous avons une mémoire imagée qui est une fantastique bibliothèque d'images (les chercheurs parlent « d'iconothèque »). Cependant, il est important de se rappeler que ces images sont des images fabriquées et non des photographies. Nous avons en tête l'image d'un bateau type, alors que nous avons mémorisé dans notre vie de nombreux bateaux différents. C'est à cause de ce même mécanisme de standardisation, qu'on ne peut se fier aux témoignages oculaires, car les témoins se fabriquent, dans leur mémoire, des visages qui ne correspondent pas tout à fait à ce qu'ils ont réellement vu.

27
Les enfants apprennent-ils mieux en image ?

QUE L'IMAGE MENTALE ne soit pas une « photographie » mais une image de synthèse bien rangée dans la bibliothèque de la mémoire imagée explique que la supériorité de la mémoire des images sur celle des mots ne soit vraie que lorsque les images sont familières : le bateau, la cerise, etc. Si l'image est complexe, par exemple une bande dessinée, l'efficacité n'est pas très grande ; par exemple, les jeunes enfants (5-6 ans), font jusqu'à 40 % de fausses reconnaissances quand on leur fait choisir entre les vraies images présentées et des images pièges. Les enfants plus âgés font moins d'erreurs, les jeunes adultes étant les plus efficaces de ce point de vue. Voici encore un exemple où, contrairement à la pensée commune, les enfants ont une moins bonne mémoire que les adultes. Cela est dû au fait que l'œil n'a une acuité visuelle que sur une toute petite portion de l'extérieur, environ deux degrés d'angle : c'est vraiment tout petit si vous vous souvenez qu'en géométrie un angle droit fait 90 degrés. Deux degrés, c'est comme si l'on regardait à travers le chas d'une grosse aiguille et, en pratique, on ne peut voir qu'un mot dans un livre. Ainsi, par exemple, dans une bande dessinée, non seulement l'œil ne peut couvrir une page entière, mais pas même le cadre complet d'une image. Les deux yeux sautent sans arrêt et prennent plusieurs enregistrements de la même image pour faire ce que les chercheurs appellent une véritable « exploration oculaire ». Or, il se trouve que l'exploration oculaire s'apprend elle-même et que les petits enfants (4 ans) ont une exploration un peu anarchique, leurs yeux sautant un peu partout dans toutes les directions. C'est seulement vers l'âge de dix ans que l'exploration oculaire commence à devenir systématique et que tous les détails sont enregistrés pour fabriquer en mémoire une image assez complète.

Cette prise en compte de l'exploration oculaire pour la construction des images lors de la mémorisation est très importante, car les images des manuels scolaires sont presque toujours complexes (photographies, schémas, frises chronologiques, etc.). Il faut donc faire un effort d'analyse de l'image en repérant chaque détail important ; par exemple, dans une étude où nous avions fait un quadrillage pour inciter l'enfant à regarder dans toutes les parties du cadre d'une bande dessinée, le nombre d'erreurs était tombé de quarante à cinq pour cent même chez de jeunes enfants. Un bon moyen est de vérifier l'apprentissage en redessinant de mémoire le dessin ou le schéma ; l'élève constatera de lui-même que la mémoire n'est pas photographique et qu'il lui faut plusieurs essais pour se mettre au point.

28
Pourquoi l'image est-elle efficace ?

La raison n'est pas si simple et les recherches sur cette question ont amené une découverte inattendue qui permet des conseils pédagogiques importants. Même si l'image est celle d'un objet (ou animal) connu, comme table, abeille, etc., la vitesse de présentation est décisive. Ainsi, à la vitesse usuelle d'une ou deux secondes par image, les images familières sont mieux rappelées que les mots, mais ce n'est plus le cas en dessous de la vitesse d'une demi-seconde par image. Dans ce dernier cas, les images sont rappelées à égalité avec des mots équivalents. Pourquoi ? Comme nous l'avons vu, à propos de plusieurs questions, la mémorisation n'est pas une photographie mais une construction nécessitant plusieurs étages. Or, on s'est aperçu que les images, une fois construites ou trouvées telles quelles dans la mémoire imagée, étaient verbalisées mentalement. Par exemple, en voyant l'image d'un ours, non seulement l'image mentale d'un ours est construite en mémoire imagée, mais cette image va ensuite dans la mémoire sémantique et, lorsque le sens « ours » est trouvé, le mot est cherché dans la mémoire lexicale. En fait, nous transformons automatiquement les images en mots sans le savoir. Ce mécanisme, aboutissant à la verbalisation des images, a été appelé par les chercheurs « double codage » ; il y a un codage imagé et un codage verbal. C'est en particulier grâce au double codage que les images sont mieux mémorisées que les mots, ne bénéficiant que d'un seul codage, le codage verbal. Néanmoins, le double codage est une construction, un voyage entre différentes mémoires qui prend plus de temps. Il se déroule convenablement (lorsque les images sont familières) si le temps est suffisamment long pour l'apprentissage. Mais lorsque les images sont accélérées, rien ne va plus ! Ainsi, lorsque le TGV est lancé à 250 ou 300 km/h, on ne peut plus lire les panneaux, la vitesse est trop grande pour nos mécanismes psychologiques. Il en ressort une conséquence pratique : pour que l'image soit efficace (pensez à la télévision), il faut une allure de croisière.

29
Les illustrations d'un manuel aident-elles l'apprentissage ?

Une deuxième conséquence pratique ne concerne pas la vitesse, mais le double codage. Car en somme, si l'image est efficace, c'est encore grâce au mot. C'est parce que l'image est verbalisée : par exemple, on se dit à propos d'une image « c'est un ours ». La conclusion pratique est que l'image doit être verbalisable pour être efficace. Ainsi s'explique le fait que seules les images familières sont efficaces, les images complexes ou ambiguës ne le sont plus ; pensez par exemple à ce que seraient les panneaux de la route sans leur signification. Or, à l'école, ou au collège, où l'élève est là pour apprendre, la plupart des images sont précisément non familières voire complexes ; ce sont des photographies de cellules en biologie, des coupes de terrain ou de roche en géologie, des cartes en géographie, des photos ou des frises chronologiques en histoire. Ces images nécessitent donc des mots, ce sont les légendes, de même que les bandes dessinées ont leur propre codage… les bulles !

Ce sont donc les mots qui rendent les images efficaces. Ainsi s'explique un résultat paradoxal à première vue : un manuel avec ses illustrations n'est pas toujours plus efficace que la simple lecture du texte. Un texte bien expliqué permet une représentation mentale aussi efficace que des photographies ou des dessins. En revanche, le schéma est plus qu'un simple dessin et il a des propriétés d'organisation. Bien fait, il est dans ce cas très efficace : par exemple, la représentation schématique des étapes d'un mécanisme physique comme les phases de compression-dilatation des gaz en facilite l'apprentissage.

30
La télévision est-elle meilleure que la lecture ?

À NOTRE ÉPOQUE d'explosion des médias technologiques, en particulier la télévision, mais de plus en plus le multimédia, on a tendance à penser que le média le plus moderne est le plus efficace. La télévision pourrait ainsi détrôner la lecture comme média plus efficace. Pourtant, les premiers résultats comparant lecture et télévision rendent perplexes, c'est la lecture qui, de loin, est la plus efficiente. Ainsi, dans une expérience menée au collège et comparant des documents télévisés à leur transcription en petits livrets, la lecture est trois fois plus efficace que la télévision d'après les questions que l'on pose aux élèves. Étonnant, n'est-ce pas ?

Deux principales raisons expliquent l'infériorité de la télévision. Tout d'abord, la lecture est un peu supérieure à l'oral pour les mots inconnus, car il est plus facile de prononcer un mot lu (prenez l'exemple de Toutankhamon) que de deviner l'orthographe d'un mot entendu. Or, à la télévision, les mots sont entendus, comme à la radio, et les mots complexes sont plus difficiles à apprendre. De ce fait, lorsque les mots inconnus ou compliqués sont écrits au tableau, en complément du document télévisé, le score des élèves est deux fois meilleur dans les questionnaires qu'avec la télévision seule. Vive les sous-titres !

La seconde raison est liée, comme nous l'avons vu dans une autre question, au fait que la lecture est un mode d'enregistrement autorégulé ; les yeux se posent plus longtemps (jusqu'à quatre fois plus) sur les mots complexes ou non familiers. Ce temps de pause plus long permet l'analyse des mots compliqués en mémoire lexicale et mémoire sémantique (voir questions précédentes). À l'inverse, la bande son de la télévision court irrémédiablement à la même vitesse et si un passage du documentaire va trop vite, il est trop tard, on ne peut revenir en arrière, le document défile sans répit. C'est comme sur l'autoroute, si vous roulez trop vite et que vous n'avez pas vu le panneau de sortie, il est trop tard, vous ne pouvez plus rebrousser chemin !

Il faudrait, pour bien faire, une télévision que l'on pourrait arrêter chaque fois que ce serait nécessaire, notamment avec un magnétoscope : l'ennui c'est que l'élève n'est pas conscient de ce qu'il comprend vraiment. On peut espérer que le multimédia (ordinateur avec haut-parleur) avec les CD-rom (le disque laser que l'on met dans l'ordinateur), qui permet de lire et entendre le mot, de voir l'image et de faire des retours en arrière, permettra de combiner les avantages de la télévision (l'image) et de la lecture. En attendant, ne mettez pas vos livres au grenier !

31
Des images humoristiques facilitent-elles l'apprentissage ?

L'HUMOUR AMÉLIORE-T-IL l'apprentissage ? On pourrait le croire et l'on voit fleurir des livres et surtout des documents télévisés où des petits personnages se promènent dans les cellules ou dans les molécules, pour amuser les enfants et ainsi peut-être les aider à apprendre. Peu d'études ont été faites sur ce thème mais les premiers résultats sont assez décevants. Non seulement les images humoristiques ne facilitent pas la mémorisation mais en plus, elles semblent gêner ! En effet, il faut bien comprendre que la mémorisation nécessite des processus d'analyse dans des mémoires spécialisées (mémoire des mots, mémoire du sens). Tous ces mécanismes prennent du temps et toutes les informations – mots, images, détails, etc. –, prennent de la place dans nos mémoires. Or, celles-ci ne sont pas élastiques. Donc les détails qui permettent l'humour, soit ajoutent des images non pertinentes, petits personnages par exemple, soit du texte supplémentaire qui surcharge la mémoire. Enfin, dans quelques cas, l'addition de certains détails peut être en contradiction avec le thème du document ; par exemple, les humains sont constitués de cellules et non l'inverse : il peut donc être troublant pour l'enfant de voir des petits bonhommes évoluer entre les cellules ou à l'intérieur de celles-ci. Voilà pourquoi les manuels scolaires sont assez sérieux dans l'ensemble : humour ou pas, pour apprendre, il vaut mieux compliquer le moins possible.

32
La mémoire est-elle élastique ?

BIEN SOUVENT, on a l'impression que de nombreux enseignants ou les concepteurs des programmes pensent que la mémoire est élastique. C'est un hommage rendu à la mémoire car elle est tellement puissante qu'elle peut donner cette impression. Certains chercheurs en biologie ont d'ailleurs pensé à une époque qu'elle avait une capacité illimitée. Pourquoi le croyaient-ils ? Vers les années soixante, la théorie dominante était qu'il n'y avait pas de spécialisations dans le cerveau et qu'un souvenir correspondait à une combinaison de connexions entre les neurones (cellules nerveuses). Or, comme il existe environ cent milliards de neurones dans le cerveau, les combinaisons possibles sont des milliards de milliards, c'est-à-dire un nombre quasiment infini. Malheureusement, cette idée ne se confirme pas et les recherches montrent de plus en plus que le cerveau est spécialisé pour produire des mécanismes distincts, appelés modules, un peu comme les composants d'un ordinateur, ou les pièces et les étages d'un gratte-ciel. De la sorte, le nombre de neurones par modules est beaucoup plus restreint (même si c'est de plusieurs milliers) et les combinaisons ne sont pas infinies. D'autre part, toutes les combinaisons n'existent pas et il y a probablement plus de connexions verticales entre les neurones, comme certains l'ont montré dans la vision. La conclusion est donc que la mémoire n'est pas élastique.

Cette nouvelle conception d'une mémoire « limitée » s'accorde très bien en revanche à bon nombre d'observations en psychologie, mais il faut distinguer deux grands types de mémoire : une mémoire à court terme et une mémoire à long terme.

La mémoire à long terme correspond à la mémoire au sens courant du terme, c'est celle qui permet aux élèves d'apprendre durablement les cours, c'est également celle qui nous permet de retenir les visages de nos proches, les mots du vocabulaire, les visages et les noms des acteurs, hommes politiques, journalistes, etc. Cette mémoire n'est pas élastique mais elle a une grande capacité en moyenne, plusieurs milliers de mots de vocabulaire, plusieurs milliers d'images et de visages, etc. Dans cette mémoire d'une capacité énorme (mais non illimitée), les souvenirs s'en vont assez lentement, l'oubli est graduel et pour peu que des visages aient été vus de nombreuses fois et des noms entendus, comme ceux des camarades de lycée, ces souvenirs resteront en mémoire pendant des dizaines d'années.

En revanche, les recherches récentes ont mis en évidence une autre mémoire dotée d'un fonctionnement bien différent. En effet, cette mémoire ne dure que quelques instants (de trois à trente secondes) et a été qualifiée pour cette raison de mémoire « à court terme ». Par ailleurs, la mémoire à court terme a une capacité très limitée de sept unités. Un grand chercheur de la mémoire a même qualifié, avec humour, ce chiffre 7 de magique, faisant ainsi le rapprochement avec les sept jours de la semaine, les sept Merveilles du monde, etc. Et l'on pourrait continuer sa liste avec les sept notes de musique, les sept nains de Blanche Neige… Et si James Bond ne s'était appelé que 003, peut-être n'aurait-il pas connu un tel succès !

Cette capacité, on le voit, est bigrement limitée, mais ce qui est paradoxal est que ces unités sont un peu élastiques. En effet, la mémoire à court terme est capable de mémoriser sept mots familiers – lapin, horloge, cerise… –, mais elle est tout aussi capable de retenir sept phrases, du moment que celles-ci soient très familières, par exemple : « le jardinier arrose les jolies fleurs » ; des chercheurs ont même montré la capacité de se rappeler sept proverbes, à condition que ceux-ci soient bien connus au préalable. Comment comprendre cette capacité, tour à tour limitée ou élastique ? Pour cela, il faut considérer la mémoire à court terme comme le fichier d'une bibliothèque ; le fichier comporte des fiches et sur chacune d'elles figurent les références d'un livre avec son numéro d'emplacement dans les rayonnages de la bibliothèque. Eh bien, les rayonnages sont la mémoire à long terme et les livres sont autant de mots et de souvenirs. Mais la fiche du livre ne comporte que le nom du livre et sa référence ; chaque fiche a la même épaisseur, que le livre comporte cent pages ou qu'il soit un gros dictionnaire de six mille pages. En revanche, imaginez avec cette analogie de la bibliothèque, qu'un livre soit mal relié et que ses feuillets soit éparpillés, la référence de la fiche ne vous conduirait qu'à une partie des informations. C'est ce qui se passe dans la mémoire : regardez cette séquence de lettres : « M F G X W L T », il y a sept lettres qui occupent la totalité de votre mémoire à court terme, car les lettres sont comme des feuillets séparés. À l'inverse, si je vous présente le mot « R O S E D E S V E N T S », il est composé de douze lettres et pourtant, les lettres ne débordent pas de la mémoire à court terme ; elles sont soudées en un mot qui est déjà bien installé dans la mémoire à long terme comme un livre bien relié dans une bibliothèque, dont les pages ne se détachent pas tellement elles sont bien assemblées. Le mot tout entier n'est donc représenté que par un petit indice en mémoire à court terme et il reste six places pour mettre les six indices correspondant à d'autres mots connus quelle que soit leur longueur. Une phrase familière, un proverbe connu ne sont ainsi référencés que par un petit indice en mémoire à court terme.

La capacité de la mémoire à court terme dépend donc étroitement de la familiarité des souvenirs et voici pourquoi les enfants ont une capacité moindre pour les mots, c'est parce que leur vocabulaire est encore incertain, mal structuré. Par exemple, si des élèves de collège ont une capacité normale pour des mots ordinaires, la capacité tombe de moitié pour des mots techniques non familiers, extraits des manuels scolaires, comme Julianus, Xénophon, etc.

33
À quoi sert la mémoire à court terme ?

À QUOI PEUT BIEN SERVIR une mémoire aussi limitée – sept cases –, que la mémoire à court terme, que nous avons découverte dans la précédente question. En fait, son rôle est central car elle est une sorte de tableau noir et permet d'assembler de nouvelles choses.

C'est ainsi que la mémoire à court terme permet le calcul mental. Soit, par exemple, trois fois douze, je peux faire trois fois dix égal trente, plus trois fois deux égal six, trente et six égal trente six. Les différents résultats des calculs intermédiaires proviennent de la mémoire à long terme, à condition d'avoir appris les tables à l'école (voilà pourquoi il est toujours nécessaire d'apprendre par cœur les tables, malgré les calculatrices). Mais pendant ces calculs intermédiaires, il ne faut pas oublier les chiffres du départ, c'est-à-dire trois et douze. Donc, la mémoire à court terme va à la fois stocker temporairement les chiffres de départ tout en assemblant les résultats intermédiaires du calcul. La mémoire à court terme sert donc à effectuer des « opérations » mentales, des assemblages comme sur un tableau noir, de sorte qu'un synonyme très utilisé de mémoire à court terme est celui de « mémoire de travail ».

Naturellement, la mémoire à court terme ou mémoire de travail ne sert pas seulement dans le calcul mental, mais aussi dans la compréhension au cours de la lecture. Lorsqu'un élève lit la phrase « la pêche a donné envie au petit garçon qui tend la main pour la prendre et la grignoter », c'est seulement vers la fin de la phrase, grâce aux mots « prendre » et « grignoter » que le lecteur comprendra que la pêche est ici le fruit et non la pêche à la ligne. Mais, pour le comprendre, il a fallu que le mot « pêche » soit encore en mémoire à court terme, au moment de lire la fin de la phrase. Voici pourquoi une phrase longue est en général difficile à comprendre et pourquoi le jeune enfant s'y reprendra à plusieurs fois. La capacité limitée de la mémoire à court terme impose de faire des phrases courtes pour être compréhensibles. C'est sans doute pour cette raison que les plaisanteries les plus courtes sont les meilleures !

34
Comment apprend-on ?

Puisque la mémoire (à court terme) a une capacité limitée, comment diable fait-on pour apprendre ? Vous allez le comprendre en imaginant que vous devez apprendre une longue liste de lettres : « ILNEF AUTJAM AISV ENDRE LAPEA UDELO URSAV ANTDE LAVOI RTUE. » Ces suites de lettres dépassent nettement la capacité de la mémoire à court terme. Mais seulement tant qu'elles apparaissent comme des lettres individuelles, séparées les unes des autres. En regardant attentivement, vous découvrirez que les lettres peuvent être reliées (comme les pages d'un livre) pour former des groupes significatifs, des mots ; je vous aide en mettant en caractères gras un mot sur deux : « **IL**NE**F** **AUT**JA MAIS**V** **ENDRE** LA**PEA** **U**DEL**O** **URS**AV ANT**DE** L**AVOI** **R**TUE. » Là où vous n'aviez vu que des suites de lettres, vous découvrez petit à petit des mots et, dès lors, le proverbe vous saute aux yeux : « Il ne faut jamais vendre la peau de l'ours avant de l'avoir tué. » En rappelant de mémoire ce simple proverbe, vous rappelez ce qui vous semblait impossible, quarante-neuf lettres ; à propos, cela fait sept fois sept ; décidément, ce chiffre est vraiment magique !

De nombreuses recherches ont ainsi montré que tout apprentissage, même l'apprentissage par cœur, consiste à faire des groupes d'informations solides (relier les livres) pour qu'ils prennent moins de place en mémoire à court terme. Ce processus de groupement d'informations est appelé l'organisation. Voyons les trois principaux modes d'organisation qu'utilise notre mémoire.

Le processus le plus général d'organisation est la catégorisation. Pour le montrer, les chercheurs préparent une liste de mots appartenant à des catégories familières, par exemple quatre mots de la catégorie « fleurs », quatre animaux de ferme, quatre pays, etc. L'apprentissage de ces mots est très rapide par rapport à l'apprentissage de ces mêmes mots mélangés. Ce procédé est classique dans l'enseignement ; il correspond en particulier à fractionner un texte en paragraphes et à mettre des titres ou sous-titres aux paragraphes, ceci étant valable dans toutes les matières, de l'histoire à la biologie. Cette méthode est déjà bien connue mais les recherches actuelles permettent d'ajouter le conseil suivant : comme la méthode des groupements est efficace du fait de la capacité limitée de la mémoire à court terme, il faut faire des petites catégories ou des petits paragraphes pour être efficace. De même, il ne faut pas trop multiplier les catégories ainsi que les paragraphes dans un chapitre. Il faut être bien en deçà de sept paragraphes. Naturellement, ce qu'on apprend ne correspond pas toujours à des catégories bien visibles.

La deuxième méthode d'organisation s'appuie sur le langage. La phrase est ainsi un bon moyen d'organisation pour unir plusieurs mots. Des expériences ont ainsi montré qu'il était deux fois plus efficace d'apprendre des couples de mots comme « fille-kangourou », si l'on suggère de les apprendre en formant des petites phrases significatives comme « la fille donne à manger au kangourou ».

Ce procédé peut s'appliquer avec des images et correspond à la troisième grande méthode d'organisation. Ayant à apprendre des couples de mots comme dans l'exemple précédent, « piano-cigare », etc., il faut alors imaginer une image mentale qui permette d'unir ces deux mots ; dans l'exemple, il est assez facile d'imaginer un piano fumant un cigare, comme dans un dessin animé de Tex Avery. Dans ce cas également, le procédé de groupement permet de multiplier par deux le rappel des mots ensemble par rapport à des sujets contrôles qui apprennent les mots sans utiliser de méthode.

35

Comment apprendre les noms propres ou les mots étrangers ?

Comme nous venons de le voir dans la question précédente, le moteur de l'apprentissage est l'organisation, c'est-à-dire la création d'unités significatives grâce aux connaissances déjà enregistrées en mémoire à long terme. L'organisation par le langage (appelée aussi « médiation verbale ») ou par l'image a été étendue avec succès à l'apprentissage d'un vocabulaire étranger. Prenons l'exemple du mot *book* en anglais qui signifie « livre ». La difficulté du mot étranger est double puisqu'il faut s'en rappeler la prononciation et la signification. Le procédé est qualifié de double chaîne parce qu'il prend en compte précisément ces deux aspects. Il faut trouver un mot français qui rappelle tout d'abord la prononciation du mot étranger, par exemple « bouc » dont la prononciation est similaire au mot anglais ; prenant ensuite le mot français qui traduit le mot anglais « livre », il faut unir ces deux mots « bouc » et « livre », par exemple en imaginant un livre dont la couverture représente un bouc. Ce procédé a été expérimenté sur différentes langues, espagnol, russe, serbo-croate, et a fait preuve de son efficacité. Naturellement, comme il conduit à faire des associations et images bizarres, il sera délaissé dans les études avancées où la pratique, l'étymologie, etc., permettront l'apprentissage, mais en cas d'apprentissage rapide (pour un voyage par exemple), il est intéressant de connaître cette méthode.

De la même manière, l'organisation ou médiation verbale est très utile pour mémoriser des noms propres difficiles. Par exemple, pour retenir le nom du cinéaste polonais Kieslowski, on peut décomposer en trois mots : Kiss (« embrasser » en anglais), love (« amour » en anglais) et ski. On voit que dans ce procédé, le chemin inverse est réalisé puisqu'au lieu de grouper plusieurs mots en un seul, c'est le mot difficile qui est décomposé. En effet, dans le cas d'un mot inconnu ou difficile, celui-ci ne représente pas une unité en mémoire mais ce sont les syllabes qui constituent les unités. Il faut trouver alors le moyen de souder les syllabes, par exemple au moyen d'une petite phrase ou d'une suite de mots faciles. Interrogeant des étudiants qui apprenaient facilement, un chercheur avait ainsi découvert que ces étudiants utilisaient ce type de moyen pour apprendre parfois avec humour, comme par exemple dans la petite phrase humoristique « Albi toi ma fille, il se fait Tarn », pour se rappeler qu'Albi est la préfecture du Tarn...

36
Faut-il apprendre « par cœur » ?

« MIGNONNE ALLONS VOIR si la rose… » Il y a quelques décennies, la mémoire par cœur était valorisée dans le système pédagogique, avec les tables de multiplication et les poèmes. Depuis le grand chambardement de mai 1968, la mode a totalement changé et l'on pouvait entendre le slogan : « il suffit de comprendre pour apprendre. » À l'inverse, l'apprentissage par cœur est devenu synonyme de mémoire perroquet, de mémoire passive, de mémoire bête. D'ailleurs, on entend souvent les écoliers ou étudiants dirent : « Ah, il faut que j'apprenne bêtement par cœur ! »

En fait, il est erroné de dévaloriser l'apprentissage par cœur qui, sauf dans l'exception que nous allons signaler, est un apprentissage noble qui met en œuvre des mécanismes assez complexes. Les chercheurs s'en sont aperçus lorsqu'ils ont étudié l'apprentissage en plusieurs essais d'une même liste. Afin d'éviter que les sujets de l'expérience ne se rappellent que les premiers et les derniers mots, la liste de mots, par exemple ving-quatre mots, est mélangée à chaque essai. Malgré ce mélange, les mots sont rappelés de plus en plus souvent dans le même ordre vers le moment où la liste est presque apprise par cœur. D'une liste contenant ces mots, tel sujet rappelle par exemple ensemble « ours, vélo, chapeau, cigare, tente » et, si on lui en demande la raison, il déclare qu'il a imaginé dans un cirque « un ours avec un chapeau qui fait du vélo sous la tente en fumant un cigare ». À l'inverse, tel autre sujet va rappeler ensemble (à supposer que ces mots soient dans la liste) « triangle, piano, costume » en imaginant une « rubrique musicale » avec le triangle, le piano et un musicien en costume... Bref, chaque sujet organise à sa façon les mots par groupes, une phrase, une image, une catégorie, et l'on retrouve donc en activité les mécanismes de groupements qui permettent de construire la mémorisation. L'apprentissage par cœur est donc ordinairement un cocktail de moyens d'organisation et est loin de se réduire à un apprentissage passif. Lorsque des mots complexes sont appris, l'apprentissage par cœur permet d'organiser, nous l'avons vu, les syllabes entre elles, en les rapprochant de mots connus, ce qui accélère leur mémorisation. Il faut donc revaloriser l'apprentissage par cœur.

Néanmoins, les recherches ont montré que la répétition n'était pas en elle-même le moteur de la mémorisation, c'est l'organisation des informations entre elles qui permet de grouper plusieurs informations. La répétition n'est qu'une occasion permettant de grouper ensemble les mots à organiser, ce qui nécessite un accès à la mémoire sémantique afin de trouver des phrases ou des catégories favorisant le rassemblement des mots. La répétition n'est en somme qu'une salle d'attente pendant que des bibliothécaires cherchent des moyens de mieux classer ces livres un peu spéciaux que sont les mots.

De la sorte, lorsqu'un élève répète sa leçon en pensant au jeu vidéo ou au film qu'il va choisir, la répétition est effectivement bête, puisque les processus nobles, sémantiques en particulier, sont occupés à sa réflexion sur les jeux ou les films. À partir de l'apprentissage de listes de mots, les chercheurs arrivent facilement à distinguer l'apprentissage perroquet de l'apprentissage organisé. D'un rappel sur l'autre, on décompte le nombre de mots rappelés dans deux essais consécutifs. Lorsque ce nombre, appelé « rappel inter-essai » augmente, c'est le signe que le sujet organise de plus en plus. Dans notre exemple précédent, le sujet rappelle « ours, tente » puis, à l'essai suivant, « ours, tente, cigare » et puis, d'essai en essai, il va agrandir le groupement auquel il a pensé : voici un bon exemple d'apprentissage organisé. À l'inverse, un sujet qui apprend comme un perroquet, va par exemple rappeler « ours, triangle » puis, à l'essai d'après, « ours, cigare », puis ensuite « cigare, costume », etc. Un tel sujet rappelle en général les tout derniers mots (mémoire à court terme) sans réfléchir à leurs éventuelles relations ; un tel sujet ne parvient pas à apprendre une liste de vingt-quatre mots ; en général, il plafonne en rappelant d'essai en essai environ sept mots. Cette analyse expérimentale explique pourquoi certains élèves, penchés sur leur bureau, répètent inlassablement mais sans avancer parce qu'il pensent à autre chose.

Il faut en conclusion valoriser l'apprentissage par cœur. Mais il faut bien veiller à ce que cet apprentissage soit un apprentissage organisé et non un apprentissage perroquet. Comment procéder ? Eh bien, en aidant l'élève à construire sur le papier des groupes significatifs dans sa leçon, notamment en faisant un plan avec des titres et sous-titres ou en faisant des schémas. S'il s'agit d'un poème, le faire réciter en lui faisant mimer la situation, pour vérifier que le sens est intégré ; s'il s'agit d'une table de multiplication, on lui fait apprendre par petits paquets successifs, en lui faisant remarquer les relations logiques ; par exemple, pour la table de cinq, il doit tomber une fois sur deux sur cinq ou un multiple de dix ; l'interroger à l'envers, ou lui poser des questions en désordre pour bien tester que la mémoire sémantique est bien sollicitée… Dans ces conditions, l'apprentissage par cœur est très efficace !

37
La mémoire est-elle rangée comme une bibliothèque ?

OUI, LORSQU'IL S'AGIT de la mémoire sémantique, la mémoire du sens, la mémoire semble rangée comme une bibliothèque. Mais c'est une bibliothèque sophistiquée car deux classements sont disponibles, l'un thématique et l'autre associatif. Le premier classement est thématique par grands domaines, les animaux, les plantes, les vêtements. On mesure d'ailleurs facilement ce classement en demandant à un groupe (par exemple cent personnes) de donner tous les mots auxquels ils pensent par catégorie. Puis on relève ces mots en les classant par ordre décroissant de citations. On trouve par exemple que la plupart pensent à chien, chat, cheval, vache, lorsque l'on présente la catégorie « Animal à quatre pattes ». À la catégorie « Fleur », les personnes interrogées pensent en premier lieu à « rose, tulipe », tandis que les écrivains classiques les plus cités sont « Zola, Balzac et Hugo ». Quant aux BD, les plus fréquentes sont « Tintin, Astérix, Lucky Luke et Boule et Bill » alors que le hit-parade des chansons enfantines donne « *Au clair de la lune, Frères Jacques,* et *Une souris verte* »... Des études montrent que la rapidité à énoncer un mot d'une catégorie (exemple tulipe pour Fleur) est d'autant plus grande que cette catégorie a été apprise tôt dans l'enfance. Cela signifie que le classement des « rayonnages » de la mémoire a commencé dans l'enfance et plus il a commencé tôt, plus la classification est solide. C'est un peu comme chez soi, lorsqu'on a trouvé un classement, il est en général gardé très longtemps, même s'il ne convient plus trop. Ainsi trouve-t-on des erreurs de classification dans les réponses des personnes. Dans la catégorie « Chanteur d'opéra », certains donnent la « Castafiore », qui est bien une chanteuse mais... de bande dessinée ! À « constellation », les réponses exactes sont « Grande Ourse, Orion », mais certains donnent par erreur « Jupiter » ou « Voie lactée », l'une étant une planète et l'autre une galaxie. Le fait que le classement de la mémoire (sémantique) date de notre enfance explique ce genre d'erreurs ; ainsi, certains classent encore la baleine et le dauphin dans les poissons alors que ce sont des mammifères.

Il existe un autre classement, apparemment plus désordonné, moins logique mais très astucieux puisqu'il correspond aux mots qui sont souvent ensemble dans le langage, comme « table et manger » ou qui peuvent être employés l'un pour l'autre comme les contraires, « chaud ou froid ». Par exemple, lorsque je dis « abeille », la plupart des gens pensent à « miel » ; « chien et souris » sont évoqués pour chat ; et, bien entendu, depuis La Fontaine, on pense à « agneau » lorsque l'on parle du « loup ». Ce phénomène est connu depuis longtemps et le grand philosophe de l'Antiquité, Aristote, l'avait déjà remarqué. Au XIXe siècle, on appelait « associations d'idées » ce phénomène, d'où des expressions qui sont restées dans le langage comme

« perdre le fil de ses idées ». En effet, la mémoire peut s'imaginer comme un vaste filet de pêcheur, où les nœuds sont des mots et les fils relient certains mots entre eux. On pense même que l'influx nerveux se propage de place en place à partir d'un mot et prépare ainsi la conversation en préactivant des mots proches. Par exemple, si je discute avec des amis des abeilles, des mots comme « miel, butine, fleur, essaim… » vont être préparés dans la mémoire. À l'inverse, cette préactivation peut nous faire dire des bêtises, comme les enfants aiment bien le provoquer dans certains jeux. Le jeu est bien connu, il faut répéter à toute vitesse « blanc, blanc, blanc, blanc… », et on pose ensuite la question : « Que boit la vache ? » ; la plupart du temps, le camarade se fait piéger en disant « lait » alors que la vache boit de l'eau. L'erreur vient du fait que de donner les mots « blanc » et « vache » ont préactivé « lait » qui est comme un coureur prêt à bondir ; tiens j'ai failli dire prêt à… bouillir !

38
D'où viennent les lapsus ?

Si la mémoire sémantique est classée comme une bibliothèque, notamment par grands thèmes, nous avons vu que les mots sont également classés pour leur carrosserie dans une mémoire spéciale, la mémoire lexicale. Cette mémoire est un peu classée comme le fichier de la bibliothèque par ordre alphabétique mais de façon plus souple, en gros, par la première syllabe et par la rime. Ainsi, dans les recherches sur le phénomène du « mot sur le bout de la langue », on pose des définitions correspondant à des mots peu fréquents, qu'il faut trouver ; par exemple, comment s'appelle l'appareil que les navigateurs utilisaient pour se repérer avec les astres (le sextant). Chaque fois que le sujet de l'expérience ne trouve pas le bon mot, on lui demande s'il peut dire la première syllabe ou la rime du mot, et l'on s'aperçoit qu'une bonne proportion des individus avaient bien à l'esprit la bonne syllabe et la bonne rime. D'ailleurs, assez souvent le « mot sur le bout de langue » est produit par la compétition avec un autre mot qui lui ressemble. Les lapsus ou erreurs de mots présentent précisément ces erreurs phonétiques entre les mots et si Freud a popularisé l'idée que ces lapsus cachent des mots sexuels censurés, le cas est plutôt rare. Le cas général est une confusion avec un mot phonétiquement proche et plus courant, plus fort donc dans la mémoire de la personne ou de l'élève. Ces ressemblances phonétiques causent des déboires aux élèves qui font ainsi des grosses confusions comme d'appeler « dénominator » le dénominateur en le confondant avec le titre du film *Terminator*, ou de penser que « régicide » est un insecticide...

Ces phénomènes montrent que le classement de la mémoire lexicale est phonétique : les mots semblent être classés par la première syllabe, et secondairement par la rime. C'est d'ailleurs la raison pour laquelle la poésie, avant la popularisation des livres, était en rime, pour apprendre plus facilement les textes. La phonétique est la base des calembours, des jeux de mots, et dans ce cas nous faisons fonctionner la mémoire lexicale. Mise à part cette différence de classement avec la mémoire sémantique, classée par thème, la mémoire lexicale peut également être vue comme un vaste filet, où les mots sont associés par les mailles avec les mots qui ont les mêmes syllabes ou rime, d'où les mêmes phénomènes de préactivation. Les enfants aiment ainsi le jeu qui consiste à répéter à toute vitesse « bourchette, bourchette, bourchette... » pour poser la question « avec quoi manges-tu ta soupe ? » et l'interlocuteur de répondre le plus souvent : « avec une fourchette », au lieu d'une cuillère... Le verlan, ou mettre les syllabes des mots à l'envers, amuse ainsi les enfants, même les grands, et correspond à un jeu d'exercice de la mémoire lexicale. La mémoire, ça pose des blempros mais c'est persu !

39
Quelle est la capacité de la mémoire à long terme ?

SOUVENT, LES ÉLÈVES, comme les adultes du reste, se plaignent de leur mémoire. Et pourtant la capacité de la mémoire à long terme est étonnante, mais pas infinie cependant. Le nombre de mots enregistrés en mémoire est tellement important qu'il est difficile de les estimer. Les études s'y prennent de différentes manières, dont la plus courante est de sélectionner les mots à partir du dictionnaire. Mais les mots sont tellement nombreux, par exemple plus de quatre-vingt mille dans un dictionnaire courant, qu'on ne peut pas interroger les élèves sur une telle quantité, cela prendrait plusieurs jours. On fait donc un échantillon de mots et on reporte les pourcentages de bonnes définitions sur l'ensemble des mots. Une telle méthode en France a permis d'estimer que les élèves connaissent environ six mille mots à la fin de l'école primaire. Une autre méthode, que j'ai utilisée avec des collaborateurs, a été de sélectionner les mots nouveaux, par rapport au vocabulaire courant, des manuels scolaires du collège ; il a été trouvé ainsi de six mille mots nouveaux en classe de sixième jusqu'à près de vingt-cinq mille en classe de troisième. En faisant des questionnaires sur un échantillon au hasard de cent mots par matière, on s'aperçoit que les élèves ont beaucoup appris en fin d'année scolaire. À la fin de la sixième, les élèves connaissent et comprennent deux mille cinq cents mots sur les six mille et, en fin de troisième, ils en connaissent quatorze mille sur les vingt-cinq mille. La mémoire des élèves est donc très puissante et enregistre des milliers de mots dans les années de collège. La mémoire est donc très performante.

40
La mémoire peut-elle être surchargée ?

Malgré les grandes performances de la mémoire, il ne faut pas abuser et celle-ci n'a pas une capacité infinie car elle est basée sur un cerveau avec des cellules nerveuses et non pas sur un esprit immatériel. Et, bien que certains professeurs pensent que « plus on en met, et plus on retient », des expériences montrent que l'apprentissage est plus lent lorsqu'il y a surcharge. Par exemple, dans une de nos expériences sur les cartes de géographie, des élèves devaient apprendre en cinq essais, une carte d'Amérique avec vingt-quatre villes. Dans une classe, la carte n'était pas surchargée tandis que dans les autres classes, on ajoutait un à vingt-quatre noms supplémentaires (noms de pays ou d'États). Bien que les noms supplémentaires ne soient pas à apprendre, l'apprentissage s'est avéré plus difficile pour les cartes surchargées. De plus, on observe, dans les cartes surchargées, que certains élèves « décrochent » et apprennent de moins en moins bien, et sont découragés. D'autres études montrent en effet que la difficulté entraîne le découragement des élèves les plus faibles. Si l'on se rappelle (question précédente) que l'apprentissage dans les années du collège porte sur des milliers de mots, et non pas seulement sur vingt-quatre noms d'une seule carte, on imagine facilement combien d'élèves tombent dans le découragement. Non seulement, donc, la surcharge est néfaste à l'apprentissage, mais elle est dangereuse pour les élèves en difficulté.

41
Quel est le secret des mémoires prodigieuses ?

CHACUN ENVIE les mémoires prodigieuses du pianiste virtuose, du fort en thème, du joueur d'échecs et l'on aimerait bien percer le mystère de cette mémoire. Pour une part, l'explication des mémoires prodigieuses est de nature biologique. Nous ne sommes pas de purs esprits et la mémoire est basée sur le cerveau. Certaines prouesses sont donc liées au substrat biologique. Champollion, qui a déchiffré les hiéroglyphes, connaissait de nombreuses langues ; certains joueurs d'échecs sont capables de jouer plusieurs parties en même temps à l'aveugle, c'est-à-dire sans regarder les échiquiers (on lui dicte les emplacements). Arrêtons-nous quelques instants sur un cas extraordinaire étudié par des chercheurs, celui d'un jeune étudiant américain, maintenant professeur dans une université américaine. Rajan Mahadevan a été inscrit dans le livre des records dans les années quatre-vingt pour être capable de réciter 31 811 décimales du chiffre *pi*. Sa mémoire des chiffres est absolument extraordinaire ; par exemple, dans une université où il participa à une étude, il regarda pendant trois minutes un tableau de cinq rangées de dix chiffres, soit cinquante chiffres et fut capable de le réciter ligne par ligne, ou colonne par colonne, ou par parties. Plusieurs mois après, il s'en souvenait encore. En revanche, pour des informations autres que des chiffres, mots ou figures spatiales, il ne montre pas de supériorité par rapport à d'autres sujets. Remarquant lors d'une visite de Rajan que celui-ci ne se rappelait plus la topographie de leurs bureaux dans leur laboratoire, des chercheurs ont réalisé une expérience avec sa participation sur la mémoire de la position spatiale et de l'orientation. L'expérience consiste en la mémorisation de quarante-huit images d'objets, présentées soit à droite ou à gauche d'un point central (position), soit à l'endroit ou en miroir (orientation). Par rapport à d'autres sujets, Rajan a une performance inférieure d'environ dix pour cent dans la reconnaissance de la position et de l'orientation de ces objets. De même, cinq mois plus tard, sa mémoire paraît tout à fait ordinaire car il ne se rappelle que d'un quart de ces objets. Les chercheurs pensent donc que les zones du cerveau dévolues habituellement à la mémoire spatiale des objets (position et orientation) seraient en partie utilisée pour la mémorisation spatiale de chiffres. Des performances extraordinaires sont donc vraisemblablement dues à des différences neurobiologiques.

Mais, en même temps, ces prouesses sont liées à des facteurs psychologiques, notamment le temps d'apprentissage, autrement dit l'entraînement, que l'on sait déjà être important pour les sportifs de haut niveau. Ainsi, des grands joueurs d'échecs arrivent à mémoriser vingt pièces d'échecs sur les bonnes positions de l'échiquier mais seulement si les positions correspondent à une vraie partie ; si les pièces sont placées au hasard, les grands joueurs ne se rappellent pas plus que les joueurs débutants. C'est qu'en réalité leur mémoire est basée sur des centaines ou des milliers de parties enregistrées en mémoire, de même que nous avons des milliers de mots enregistrés en mémoire. La mémoire est donc également liée à l'apprentissage, à l'entraînement.

Des études précises ont été menées au conservatoire de Berlin et ont montré que des élèves violonistes, jugés par leur professeur comme étant de niveau international, ont au moins dix ans de pratique et s'entraînent pendant un temps considérable. À l'âge de treize ans, les « meilleurs » s'entraînent douze heures par semaine contre cinq heures pour les élèves qui sont dans le conservatoire pour préparer le professorat de musique. À l'âge de vingt ans, les heures de pratique s'élèvent à près de trente heures pour les élèves de niveau international alors que les élèves-enseignants y passent dix heures. Les chercheurs ayant réalisé cette étude ont ainsi démontré que les élèves de niveau international ont cumulé au moins dix mille heures de pratique. Si votre enfant passe dix mille heures à apprendre ses leçons d'histoire, vous verrez qu'il sera génial !

42
Peut-on se fier à sa mémoire ?

PAS VRAIMENT ! La mémoire est très puissante mais elle ne fonctionne pas comme un magnétophone ou un magnétoscope en enregistrant fidèlement la réalité. Elle interprète la réalité. Un bon exemple nous en est fourni par le témoignage oculaire. Dans une expérience, on a présenté une série de diapositives reconstituant un accident de la circulation. Une voiture verte fait tomber un cycliste en doublant un camion. Si l'expérimentateur pose des questions incluant des fausses informations comme « pourquoi la voiture bleue a-t-elle renversé le cycliste ? », non seulement la mémoire enregistre cette nouvelle information, mais encore la mémoire verbale déforme l'image et lorsqu'on demande la couleur de la voiture, le spectateur va dire « bleue », c'est-à-dire la couleur introduite verbalement dans la question et non la couleur verte réellement vue. Donc, notre mémoire est largement interprétative, grâce à la mémoire sémantique, et, inversement, elle n'est pas très fidèle. Une ancienne expérience avait encore montré que d'un texte présentant des arguments pro ou anticommunistes, des étudiants sélectionnés par des questionnaires selon leur attitude pro ou anticommuniste, se rappelaient surtout des arguments favorables à leur opinion de départ. De même dans l'étude des souvenirs anciens, le mari et la femme n'ont pas le même souvenir d'épisodes vécus en couple. D'une manière générale, il faut se rappeler que la mémoire n'est pas unique et qu'elle repose sur plusieurs modules. Les modules sensoriels, visuel ou auditif, sont éphémères, la mémoire lexicale est intermédiaire, et ainsi nous sommes incapables de nous rappeler des dialogues réels d'un film ; la mémoire imagée est virtuelle et nous reconstituons des belles images mais un peu fausses alors qu'en revanche la mémoire sémantique est très puissante et se conserve sur des mois voire des années.

43
Comment expliquer l'oubli ?

L'OUBLI EST L'ENVERS de la médaille de la mémoire et ses mécanismes sont divers. Tout d'abord, il faut répéter que la mémoire n'est pas la faculté d'un pur esprit mais repose sur le fonctionnement du cerveau. Certains oublis viennent donc du vieillissement normal ou pathologique du cerveau. Par exemple, sans nous appesantir, puisqu'il s'agit de la mémoire des élèves dans ce livre, la destruction d'une structure du cerveau appelée hippocampe entraîne une amnésie (perte de la mémoire) pour tout enregistrement nouveau. Cela arrive dans une tragique maladie appelée la maladie d'Alzheimer, mais aussi dans l'alcoolisme qui entraîne des lésions diverses dans le cerveau et dans l'hippocampe ; le manque d'oxygène peut causer également cette destruction. Des lésions dans différentes parties du cerveau, par exemple à la suite d'un accident de moto chez les jeunes, peuvent entraîner des amnésies sélectives, perte des visages ou de la capacité de parler, montrant par ailleurs que la mémoire n'est pas unitaire mais repose sur divers systèmes.

Mais parlons plutôt des mécanismes psychologiques de l'oubli. La première mesure de l'oubli date des expériences de l'Allemand Ebbinghaus en 1885. C'est étrange si l'on se souvient que la mémoire fut un sujet d'intérêt depuis l'Antiquité ; personne n'a eu l'idée avant le XIXe siècle de mesurer la mémoire. On ne pensait pas pouvoir mesurer l'esprit. Ebbinghaus avait une méthode bien particulière. Il apprenait lui-même des listes de syllabes, puis, mettant chaque liste dans une enveloppe, il les réapprenait à une date donnée, soit une heure après, un jour, une semaine et ainsi jusqu'à un mois plus tard. En soustrayant le temps de réapprentissage du temps d'apprentissage d'origine, il montrait ainsi ce qui restait en mémoire. Par exemple, il fallait peu de temps pour réapprendre la liste, une minute plus tard tandis qu'il fallait quatre-vingts pour cent du temps original pour réapprendre une liste datant d'un mois : il ne restait donc que vingt pour cent de l'enregistrement en mémoire. De ces études, reproduites par la suite, on s'aperçut que l'oubli était très rapide, de cinquante pour cent au bout d'une heure à quatre-vingts pour cent au bout d'un mois. Affreux ! Et pourtant, cela reflète bien ce qui se passe dans la vie courante, notamment la vie scolaire où les élèves oublient à grande vitesse. D'autres recherches, par la suite, ajoutèrent de l'horreur à l'affreux. En effet, quarante ans de recherches montrèrent que l'oubli est d'autant plus rapide que l'on apprend beaucoup de choses similaires. Cette découverte vint d'un chercheur qui faisait apprendre des listes de syllabes comme Ebbinghaus à des étudiants, mais il ne trouvait pas les mêmes résultats. Ainsi, le rappel d'une liste après vingt-quatre heures montrait un oubli de quinze pour cent alors qu'Ebbinghaus, après le même temps, avait oublié soixante-cinq pour cent. Ebbinghaus n'avait-il pas de mémoire ? C'était peu vraisemblable, puisque pour ses expériences, il apprit des milliers de syllabes sans signification. Mais c'est précisément l'apprentissage de milliers de syllabes qui était la cause de son oubli comme ce chercheur le montra ; il donna des quantités variables de listes à apprendre et il s'aperçut que plus les sujets apprenaient de listes, plus vite ils les oubliaient. Plus on apprend et plus on oublie !

À l'inverse, la suite des recherches sur ce thème montrèrent que plus on apprend et plus vite on apprend. Par exemple, dans une expérience de longue durée, on fit apprendre par cœur, tous les deux jours, une liste de dix couples de mots et cela trente-six fois, soit pendant plus de deux mois ; s'il fallait dix essais pour apprendre parfaitement une liste les premiers jours, il n'en fallait plus que cinq, c'est-à-dire deux fois moins, pour les dernières listes de l'entraînement. Mais à l'inverse, on retrouvait le même phénomène, la première liste était à peu près bien rappelée au bout de deux jours tandis que les dernières listes étaient presque entièrement oubliées au bout du même laps de temps. On arrive donc à ce paradoxe que l'on apprend de mieux en mieux avec l'entraînement mais qu'on oublie de plus en plus vite. Non seulement plus on apprend, plus on oublie, mais mieux on apprend, mieux on oublie !

Si les élèves lisaient cela, ils pourraient se dire : « Alors, à quoi cela sert-il que j'apprenne ? » La suite des recherches fut fort heureusement plus positive et c'est de regarder le fonctionnement des ordinateurs qui donna la solution à ce paradoxe. D'ailleurs, le fonctionnement de la bibliothèque est le même et je vais prendre plutôt cet exemple connu de tous. Bien tenir une bibliothèque consiste à ranger les livres à un emplacement numéroté d'un rayonnage donné, par exemple un livre sur les abeilles est classé au numéro 7 du rayon M. Le lecteur intéressé par les abeilles cherche dans un fichier au thème abeille, à moins qu'il ne connaisse le nom de l'auteur et regarde par ordre alphabétique. Dans les deux cas, fichier par thème ou fichier par ordre alphabétique, il trouvera dans notre bibliothèque modèle la fiche qui lui indiquera que le livre sur les abeilles se trouve dans le rayon M au numéro 7. Imaginons maintenant une bibliothèque tenue par un bibliothécaire farfelu qui range les livres comme ils viennent et ne fasse des fiches que lorsque l'envie lui prend. Cette fois, je risque fort de ne pas trouver de fiche du livre sur les abeilles et j'en conclurai faussement que cette bibliothèque ne dispose pas de ce genre de livres. À tort, puisque ce livre est bien là, mais où ?

Eh bien, notre mémoire fonctionne comme une bibliothèque avec un bon archiviste. Les mots, les images, les visages, les souvenirs sont assez bien rangés mais notre mémoire est tellement immense que des souvenirs sont irrécupérables sans le numéro de leur emplacement ; rappelons-nous par exemple qu'une personne cultivée connaît plusieurs dizaines de milliers de mots, probablement autant d'images et de visages et ne parlons pas des souvenirs, qu'on ne sait pas encore dénombrer. Tous ces trésors de la mémoire, comme on les appelait au Moyen Âge, sont inaccessibles, faute d'avoir leur bonne adresse. Un chercheur canadien a montré que notre mémoire fonctionne de la même manière qu'une bibliothèque en donnant à mémoriser des listes de mots par catégories. Par exemple, quatre animaux, quatre fleurs, quatre pays, etc., jusqu'à parfois douze catégories, soit une grande liste de quarante-huit mots. Dans un groupe, où le rappel est sans aide, sur une feuille blanche, comme dans l'interrogation de l'écolier, les sujets se rappellent un peu moins de la moitié des mots. Mais si, dans autre un groupe, on présente une feuille avec le nom des catégories, « animaux, fleurs, pays, etc. », ces noms les aident considérablement, puisque les trois-quarts des mots sont rappelés. Les noms de catégorie ont fonctionné comme les adresses, la référence des fiches de la bibliothèque, en aidant à retrouver les mots enregistrés en mémoire comme des livres dans leurs rayonnages. En ce qui concerne la mémoire, on appelle ces adresses les indices de récupération (ou de rappel).

Nombreux sont les indices de récupération. Les noms de catégories, les titres d'un livre ou d'un cours sont des indices sémantiques. Les initiales ou les premières syllabes, ou encore les rimes sont des indices pour la mémoire lexicale. Les images sont aussi d'excellents indices et l'album de famille ou les photos de voyage nous permettent usuellement de nous remémorer les invités de telle ou telle de fête ou encore de nous rappeler les épisodes d'un voyage. Une belle expérience a été réalisée dans ce sens sur le souvenir des noms et des visages des camarades de lycée. D'après les photos de classe et les archives d'un collège, les chercheurs ont retrouvé des anciens lycéens après des temps variables, de trois mois jusqu'à cinquante ans plus tard, les gens ayant vieilli d'autant naturellement. Les résultats sont extraordinaires et montrent bien que les expériences de laboratoire ne sont pas artificielles et reflètent bien les mêmes mécanismes en action dans la vie courante. Si l'on demande, sans donner d'aide, les noms de leurs camarades de lycée, les personnes qui ont quitté l'établissement depuis trois mois ne donnent que quinze pour cent des noms, mais si on leur donne les photos, alors les trois quarts des noms leur reviennent. Cinquante ans plus tard, le rappel sans aide est inférieur à dix pour cent mais quarante pour cent des noms reviennent encore à la vue des photographies des anciens camarades ; même si seulement quarante pour cent des noms sont rappelés en voyant les visages, ces noms n'ont pas été pour autant oubliés car, si l'on présente des noms de camarades de promotion parmi des noms pièges, des noms sont reconnus des années plus tard, ce pourcentage étant encore de soixante-dix pour cent après cinquante ans. Les visages sont aussi bien enregistrés puisque les photographies des visages de camarades sont reconnues parmi des photos pièges dans quatre-vingt-dix pour cent des cas, et encore avec une proportion de soixante-dix pour cent après cinquante ans. C'est extraordinaire si l'on prend en considération que l'expérience se déroule un demi-siècle plus tard et que ces anciens lycéens ont alors soixante-dix ans...

Notre mémoire n'oublie pas tant que cela mais, comme une bibliothèque immense, il lui faut de bons indices, de bonnes adresses du passé...

44
Pourquoi les choses reviennent-elles en revoyant le cours ?

Les élèves et les étudiants ragent très souvent en séchant sur leur copie tandis qu'en revoyant leur cours plus tard, tout ou presque leur revient. Ce phénomène correspond précisément aux rôles des indices dans la mémoire. En effet, les expériences révèlent que dans la mémorisation de mots ou d'images, les meilleurs indices sont… ces mots et ces images eux-mêmes. On le vérifie dans la technique de sondage de la mémoire appelée « reconnaissance ». Dans le rappel, le sujet doit écrire ce dont il se souvient sur une feuille blanche, alors que dans la reconnaissance, on imprime les mots précédemment appris, mélangés à autant de pièges : le sujet doit alors entourer les mots qu'il reconnaît et toute erreur (fausse reconnaissance d'un piège) est comptée par un point négatif ; en fait, les jeunes commettent assez peu d'erreurs, et la reconnaissance est très bonne : environ soixante-dix pour cent pour les mots et quatre-vingt-dix pour cent pour les images (à condition qu'elles correspondent à des choses familières).

Si l'élève a bien appris sa leçon, c'est ce taux de reconnaissance qui va se retrouver lorsqu'il relira son cours ou le manuel, de retour à la maison. Mais s'il n'a pas suffisamment su sa leçon au moment de l'interrogation, c'est que son apprentissage était incomplet : la leçon n'est alors pas suffisamment organisée et la question du professeur n'est pas un indice suffisant pour rappeler beaucoup d'informations.

45 Comment s'explique l'impression de « trou noir » avant l'examen ?

Comme dans la chanson de Johnny Halliday, beaucoup d'élèves pourraient chanter « Noir, c'est noir, il n'y a plus d'espoir... », tellement l'impression de « trou noir » s'avère tragique pour l'élève au tableau ou l'étudiant au moment de l'examen. Ce phénomène s'explique encore par les indices de récupération mais aussi par la notion de mémoire à court terme, vue dans des questions précédentes. Les mots de la leçon sont rangés dans la mémoire à long terme qui fait office de bibliothèque. Mais la mémoire à court terme n'est pas un fichier permanent comme en bibliothèque, c'est plutôt un tableau noir qui se remplit et s'efface à la demande. Au moment des révisions, donc, la mémoire à court terme contient plein d'indices et d'informations, les noms des dieux égyptiens, des pharaons, quelques dates... Mais, avant l'examen, les élèves parlent entre eux, ou pire, ont eu d'autres cours, de français, de maths, et les mots de ces leçons ont effacé le tableau noir de la mémoire à court terme pour créer ce fameux « trou noir ». Cependant, si les élèves ont bien appris leur leçon, les questions du professeur deviendront de bons indices. Le mot « pharaon » dans des questions telles que « citez trois pharaons célèbres… », permet de rappeler de la mémoire à long terme les noms recherchés, aussi sûrement que « Johnny » a servi d'indice pour vous rappeler « Halliday ». Et la mémoire à court terme, comme le tableau noir, se remplira à nouveau avec les informations que l'élève écrira sur sa copie. En revanche, pour l'élève qui n'a pas appris suffisamment, les informations ne sont pas en mémoire à long terme, ou de façon trop fragmentaire pour que les indices soient efficaces. Alors, le tableau noir reste noir et il n'y a plus d'espoir…

46
D'où vient le « sentiment de connaître » ?

PARFOIS L'OUBLI est partiel, on ne se rappelle pas du nom d'un journaliste, ou d'un acteur, l'écolier ne se souvient pas du nom d'un personnage historique, mais on se souvient de choses fragmentaires, qu'il s'agit d'un journaliste, qu'il travaille à la télévision, que ce n'est pas un journaliste de presse, qu'il est sympathique, etc. Ce phénomène de rappel d'informations partielles, appelé « sentiment de connaître » est dû à la nature composite de la mémoire. Comme nous l'avons vu à travers plusieurs questions, la mémoire repose sur de nombreux modules spécialisés, mémoire des mots, du sens, des images, des visages, et certaines informations peuvent être disponibles dans certaines bibliothèques et pas dans une autre, à un moment donné. C'est d'ailleurs souvent le nom qui manque (mémoire lexicale) et c'est alors le cas particulier du « mot sur le bout de langue ». L'explication principale est liée au manque d'apprentissage de ce mot. Ce journaliste, nous le voyons souvent, son visage va être enregistré très souvent en mémoire et sera donc très disponible, sa fonction de journaliste est également très souvent enregistrée dans la mémoire sémantique, puisque c'est l'objet même de son apparition. Mais le nom n'est pas systématiquement rappelé à chaque émission et il est donc moins disponible.

Pour l'élève, il arrive la même chose dans la lecture des manuels. Par exemple, dans un manuel d'histoire, le mot « pharaon » est cité explicitement huit fois mais il est implicitement cité vingt fois ; soit sous forme de pronom, « il », par exemple ; soit le mot est sous-entendu par des mots de liaison comme « et ». Au total, le sens du mot aura été enregistré vingt fois après une lecture de la leçon tandis que l'unité lexicale, le mot, n'aura été enregistré que huit fois. Ce n'est pas si mal, car d'autres noms comme Ramsès, Chéops, Toutmosis n'auront été présentés qu'une ou deux fois, ce qui est insuffisant pour la mémoire. Voilà un exemple d'apprentissage qui produira un sentiment de connaissance, par exemple, c'est le pharaon (Chéops) qui a construit la plus grande pyramide, mais sans pouvoir donner le nom précis...

47
Quelles sont les bonnes méthodes pour apprendre ?

Ah ! les bonnes méthodes… En réalité, elles sont nombreuses et, comme nous avons vu que la mémoire était composée de plusieurs systèmes, chaque système ou mémoire a sa bonne méthode en quelque sorte. À travers différentes questions, différentes méthodes ont été présentées, par exemple l'autorépétition augmente de quarante pour cent l'efficacité de la mémorisation, l'imagerie facilite la mémorisation s'il s'agit d'images familières, un environnement silencieux facilite l'apprentissage, etc. Mais les deux méthodes les plus générales me semblent être l'organisation et ce que j'ai appelé l'apprentissage multi-épisodique.

Étant donné la capacité limitée (sept « cases ») de la mémoire à court terme, il faut organiser pour apprendre, c'est-à-dire regrouper en unités plus grosses l'information que l'on doit apprendre. L'exemple le plus simple est celui d'une liste de mots que l'on essaye d'organiser en catégories, par exemple les animaux, les fruits, les pays, etc. Au niveau scolaire, cela consiste à reprendre des documents et à construire un plan avec des petits paragraphes bien repérés par des titres explicites. Le mieux est de faire un nombre limité de paragraphes, par exemple trois à quatre et de faire de même un petit nombre de sous-paragraphes. Les bons manuels sont ainsi organisés mais ils pêchent le plus souvent par un excès d'informations ; l'élève doit alors refaire son propre « manuel » et ses propres paragraphes en « ré-organisant » le cours et le manuel. En faisant ce travail, comme s'il était lui-même un auteur de manuel, ou un professeur, il fera son organisation subjective, meilleure méthode pour apprendre. C'est pour cette raison que l'on observe généralement dans la pratique des exposés chez les élèves (ou étudiants) que le dossier profite surtout à ceux qui l'ont fait.

La deuxième méthode, apprentissage multi-épisodique, est une nouvelle méthode que j'ai proposée dans un de mes livres[1] et qui part du principe de la mémoire épisodique. Chaque fois que nous lisons, entendons, un mot ou l'objet ou l'image qu'il représente, son concept forme un épisode nouveau en mémoire épisodique avec son contexte d'origine. Par exemple, lorsque je lis le mot « chat », il s'enregistre dans le contexte de cette phrase, mais si mon chat passe devant moi, l'image et le concept de chat s'enregistrent dans ce nouveau contexte, de même si je regarde à la télévision un reportage sur Colette entourée de ses chats, le mot « chat » va s'enregistrer dans un nouvel épisode dont le contexte sera celui de cette écrivain. Ainsi, avec la répétition des épisodes sur les chats va se construire en mémoire sémantique un concept abstrait, général de chat, qui nous

1. *Mémoire et réussite scolaire*, Dunod, 1997 (3e édition).

permettra de comprendre un certain nombre de choses lorsqu'on lira ou entendra le mot chat. La mémoire sémantique, base de nos connaissances, et mémoire la plus résistante dans le temps, est donc construite à partir de la répétition des épisodes. Si l'on apprend un seul épisode, notre mémoire sémantique sera très pauvre et je ne pourrai pas répondre à beaucoup de questions. Par exemple, n'étant pas astronome, je ne peux expliquer à mes enfants qu'une chose ou deux concernant les « quasars », alors, qu'ayant lu beaucoup sur la mémoire et ayant fait beaucoup d'expériences, ce concept est beaucoup plus riche dans ma mémoire. En conséquence, la mémoire sémantique se construit également par une répétition. Mais attention, la répétition ici n'est pas une répétition par cœur ; par exemple, si je répète vingt fois le mot « quasar », je vais enregistrer l'unité lexicale, la carrosserie du mot mais pas son concept, sa signification ; et je ne serai pas plus avancé pour parler de ce concept. La construction de la mémoire sémantique demande donc une répétition mais des épisodes, l'apprentissage multi-épisodique. L'apprentissage épisodique, c'est présenter un concept, sous les formes les plus variées possibles, et le plus souvent possible.

L'école se contente assez souvent d'un cours bien fait, et le professeur, de bonne foi, a l'impression que les élèves ont enregistré s'il a fait un cours clair et précis. Mais le cours ne représente que quelques épisodes. Pour reprendre notre exemple du cours d'histoire sur l'Égypte en classe de sixième, le professeur va peut-être utiliser huit fois « pharaon » dans une phrase, cela fera huit épisodes, mais il ne citera peut-être qu'une seule fois « Chéops » et ce ne sera pas suffisant. La lecture d'un livre est d'ailleurs un excellent apprentissage multi-épisodique : différents concepts vont être répétés dans des contextes (ici, les phrases) très variés, c'est la raison pour laquelle la lecture doit être considérée comme une vraie méthode d'apprentissage. Mais l'idéal est de varier plus encore les contextes d'apprentissage. Il faudrait donc accompagner le cours du professeur et la lecture du manuel, d'une recherche documentaire, passer des extraits de films, faire construire des dossiers par les élèves, rassembler des photos, utiliser un bon CD-rom. Et l'idéal bien sûr serait de couronner le tout, si l'école était riche, par une excursion... en Égypte !

48
Les procédés mnémotechniques sont-ils efficaces ?

DEPUIS L'ANTIQUITÉ, des procédés ou trucs ont été découverts, par hasard, puis par tâtonnement, qui permettent d'améliorer la mémoire. On les appelle des procédés ou trucs mnémotechniques. Le plus souvent, ils sont efficaces parce qu'ils jouent le rôle de plan de récupération. Nous avons vu dans des questions précédentes que notre mémoire est une vaste bibliothèque et qu'il faut des indices, bonnes adresses du passé, pour retrouver l'emplacement des souvenirs dans les rayonnages de la mémoire. Or, nous avons aussi une mémoire à court terme qui sert de tableau noir et ce tableau a une surface limitée, où l'on ne peut pas tout inscrire. Un plan de récupération, c'est une organisation d'indices qui permet de « chaîner » entre eux de nombreux indices et ainsi d'économiser notre tableau noir. Par exemple, si j'apprends douze catégories de quatre mots, le nombre de noms de catégorie sera trop grand pour les stocker en mémoire à court terme (limitée à sept). Mais si je repère que je peux classer les noms de catégories en catégories plus élevées, par exemple « fleurs, fruits, arbres » dans la super-catégorie

« Plantes » et les catégories « poissons, oiseaux, insectes » dans la super-catégorie « Animaux », etc., je vais ainsi réduire les douze catégories en quatre grandes catégories, par exemple « Animaux, Plantes, Minéraux, Ustensiles ». Une équipe de chercheurs a réalisé une telle expérience avec une liste gigantesque de cent vingts mots, regroupés dans des catégories, qui elles-mêmes étaient regoupées dans des super-catégories. Le rappel était de soixante-dix mots, dès le premier essai, alors que la même liste mélangée dans un groupe contrôle ne permettait qu'un rappel d'une vingtaine de mots. Si l'on se rappelle que la mémoire à court terme, notre tableau noir, est limitée à sept mots, on voit que le plan de récupération permet de rappeler dix fois plus. Le plan est donc une organisation d'indices de récupération. Ici, les indices sont les noms de catégories de base, par exemple, « Fleurs » pour rappeler « tulipe, rose... » et les super-catégories sont les organisations plus élevées. Ce plan de récupération hiérarchique est le plus efficace que l'on connaisse car il correspond au classement de la mémoire sémantique, la plus puissante de nos mémoires. C'est pourquoi il est très bon qu'un cours, qu'un manuel scolaire, soit présenté avec des titres et des sous-titres. Cependant, les indices ne servent qu'à récupérer des informations déjà stockées en mémoire ; si ces informations n'existent pas, les indices ne seront pas efficaces. C'est la raison pour laquelle apprendre le plan par cœur ne suffit pas ; il faut apprendre le texte de façon multi-épisodique comme nous l'avons vu dans la question précédente et ensuite apprendre le plan.

Un procédé mnémotechnique bien connu est la « phrase-clé » ; elle consiste à organiser en une petite phrase des parties du mot, parties qui servent alors d'indices de récupération. Par exemple, « me voici tout mouillé, je suis un nageur pressé » permet de se rappeler l'ordre des planètes de notre système solaire, « me = Mercure, voici = Vénus, tout = Terre, mouillé = Mars, je = Jupiter, suis = Saturne, un = Uranus, nageur = Neptune, pressé = Pluton. » Ce procédé est lexical (et non sémantique) puisque les indices de récupération sont les initiales des mots. Il est efficace parce que les noms des planètes sont déjà connus et que les initiales peuvent récupérer ces mots déjà enregistrés. En revanche, certaines phrases-clés ne vont pas être efficaces pour les élèves qui n'ont pas déjà en mémoire les notions à récupérer. Ainsi, la phrase clé « Napoléon mangea allégrement six poissons sans claquer d'argent » ne sera d'aucune aide pour les élèves qui n'ont pas en mémoire les symboles des atomes en chimie, Na signifiant le sodium, Mg (de mangea) signifiant le magnésium, etc. Les procédés mnémotechniques sont donc des aides, des petits trucs aidant la mémoire, mais qui ne remplacent pas les apprentissages. Certains charlatans ou commerciaux se sont discrédités en accordant ainsi trop de valeur à ces procédés…

49
Un schéma vaut-il mieux qu'un bon discours ?

C'est tout à fait exact, et il faut bien considérer qu'un schéma n'est pas une simple image. Différentes études montrent que le schéma correspond à un plan de récupération tel que nous venons de le décrire dans la question précédente. Un schéma est une organisation imagée d'indices pour récupérer les informations. Le meilleur exemple est la carte de géographie. Dans une expérience de notre laboratoire, nous avons fait passer à deux groupes d'étudiants un documentaire sur les sources du Nil. La quête des sources du Nil a toujours captivé les hommes depuis l'Antiquité et les empereurs romains envoyèrent eux-mêmes des expéditions pour résoudre cette énigme. Cette question resta longtemps un mystère par le fait que le Nil a pour source un dédale complexe de plusieurs lacs qui se joignent entre eux par des rivières différentes. Dans un groupe, le reportage se termine par une carte synthétisant ces lacs et ces rivières tandis que pour un groupe sans schéma, on coupe le documentaire avant l'apparition de la carte. L'apprentissage en trois essais, suivis de rappels, indique que seul le groupe qui apprend avec un schéma arrive à dégager du documentaire des idées structurées, les autres mélangent les lacs et les rivières sans arriver à structurer ce dédale. Le schéma sert donc de plan de récupération en mettant de l'ordre dans un document trop riche en informations. Il faut donc valoriser dans l'apprentissage des élèves la construction de schémas, du schéma de biologie à la carte de géographie. D'ailleurs, la géométrie elle-même n'est-elle pas l'art de raisonner juste sur des figures fausses ?

50
Quels sont les trucs pour apprendre les numéros ?

Périodiquement des publicités vantent telle méthode pour mémoriser, sans difficulté et sans don particulier, des numéros, le nombre pi, les dates des règnes des cent rois de France, etc. Attiré comme vous lecteurs par ce genre de publicités, j'ai mené ma petite enquête[1] qui, de fil en aiguille, ou plutôt d'auteur en auteur, m'a mené de la Bibliothèque nationale de Paris à celle du British Museum à Londres et de la bibliothèque de Cambridge à celle de la Sorbonne où le grand Descartes a usé ses bottes après avoir peut-être rencontré des mousquetaires dans le Quartier latin. En remontant les siècles, j'ai finalement abouti sur les traces d'un mathématicien, contemporain précisément de Descartes, un certain Pierre Hérigone, qui, dans son *Cours Mathématique*, édité en 1644, observe que les nombres sont plus difficiles à apprendre que les mots et propose une méthode astucieuse, celle de transformer chaque chiffre par une lettre, et ainsi de trans-

1. *Méthodes pour la mémoire : historique et évaluation*, 1996 (2e édition).

former les nombres en mots. Ce « code » chiffre-lettre, comme on peut l'appeler de nos jours, a connu différentes transformations dont celle, si je saute allégrement les siècles, imaginée par un professeur de musique à l'époque de Napoléon III, qui se nommait Aimé Paris ; un nom qu'on pourrait croire sorti d'une opérette d'Offenbach si celui-ci n'était pas un petit garçon à cette époque. Fort de la découverte de la sténographie basée sur la toute nouvelle classification des sons du langage, Aimé Paris propose de perfectionner le code chiffre-lettre en faisant correspondre chaque chiffre à un groupe de sons consonantiques de la même famille. Par exemple, 9 correspond au groupe des occlusives (be, pe) tandis que le 8 correspond au groupe des fricatives (fe ou ve). Les correspondances sont souvent arbitraires mais certaines sont basées sur une analogie de forme par exemple « t et 1 » qui date du Moyen Âge, « n » ayant deux pattes correspond naturellement au 2, « m » au 3, tandis que « l » correspond au 5 puisque, depuis l'antiquité romaine, le l symbolise le nombre cinquante.

Le code chiffre-lettre d'Aimé Paris (1825)

0	1	2	3	4	5	6	7	8	9
s *z* *ç*	*t* *d*	*n*	*m*	*r*	*l*	*ch* *j*	*k* *gu*	*f* *v*	*p* *b*

Ce code n'a plus ensuite été transformé ; il se retrouve dans ces publicités dont je parlais en introduction et il est devenu la base de nombreux ouvrages de mnémotechnie, art florissant au XIXe siècle. L'application la plus simple de ce code est la mémorisation de dates historiques. Par exemple, pour des dates du XIXe siècle, il suffit de coder seulement les deux derniers chiffres, puisqu'ils commencent tous par 18… Nobel ayant découvert la dynamite en 1866, il faut coder « 66 » soit par les lettres « j » ou « ch » ou les deux : je peux donc coder le nombre 66 par n'importe quels mots possédant ces deux consonnes et faire une phrase clé reliant ce mot codé à l'invention en question. Par exemple « la dynamite était le *chouchou* de Nobel » ou « Nobel a inventé un *joujou* bruyant ». On peut ainsi utiliser ce code pour apprendre de nombreuses dates, aussi variées que des dates historiques, des dates d'inventions ou des dates d'événements musicaux ; par exemple, la première de *La Belle Hélène* d'Offenbach ayant été jouée en 1864, on peut le retenir avec la phrase clé « *La Belle Hélène* était *chère* à Offenbach » ; précision importante, seules les consonnes prononçables sont codées, ainsi « chère » et « chères » codent tous deux le nombre soixante-quatre. Ces méthodes proposaient également une liste type de mots clés, codant tous les numéros de un à cent, permettant ainsi d'apprendre une centaine de chiffres ; par exemple 1 peut-être codé par « dé », 2 par « nid »… 13 par « dame » jusqu'au nombre 99 qui peut aussi bien être codé par « pape » que par « bébé »…Ce procédé est bien efficace, comme je l'ai montré par des expériences, mais il n'est pas infaillible comme les publicités ont tendance à le suggérer. D'autre part, il nécessite un entraînement important et régulier qui n'est plus guère nécessaire à notre époque des agendas et des calculettes.

Au XIXe siècle, c'était différent, et certains ont fait de ce jeu une profession, comme mnémoniste de music-hall, en apprenant des suites de chiffres donnés par des spectateurs. Je suppose que ce code chiffre-lettre est d'ailleurs l'explication des spectacles de télépathie donnés par des magiciens dont les célèbres Mir et Miroska. Ce numéro, rendu célèbre par Hergé dans *Les Sept Boules de cristal*, mettait en scène une médium vêtue comme une hindoue qui devinait les numéros des cartes d'identité de spectateurs pris au hasard. Il est probable que dans les propos, très rapides, du magicien qui tenait en main le document, se trouvaient des mots clés, qui codaient la date de naissance ou le numéro de la carte en question. Par exemple, « Maint terriers lapins ne gèlent, ma loi veut bien ; combat mieux, ne méfaits » code les dix-neuf premiers chiffres du nombre *pi*... Madame Miroska, me recevez-vous !

Que lire de plus ?

Ouvrage général sur la mémoire, simple d'accès

A. LIEURY, *La mémoire, du cerveau à l'école*, Flammarion, « Domino », 1993.

A. LIEURY, *Mémoire et réussite scolaire*, Dunod, 1997, 3e édition.

Plus documenté

G. CHAPOUTHIER, *La Biologie de la mémoire*, PUF, « Que sais-je ? », 1994.

A. LIEURY, *Méthodes pour la mémoire : historique et évaluation*, Dunod, 1992.

F. YATES, *L'Art de la mémoire*, Gallimard, 1975.

F. YATES, *La Recherche*, « La Mémoire », dossier spécial, 1994.

Pour ceux qui aiment des développements techniques et de nombreuses expériences justifiant les théories

A. BADDELEY, *La Mémoire humaine : théorie et pratique*, Presses Universitaires de Grenoble, 1993.

A. LIEURY, *La Mémoire : résultats et théories*, Mardaga, 1992, 4e édition.

G. Tiberghien, *La Mémoire oubliée*, Mardaga, 1997.

Plus particulièrement sur les images

M. DENIS, *Image et cognition*, Presses Universitaires de France, 1989.

Sur les défaillances des souvenirs

N. AURIAT, *Les Défaillances de la mémoire humaine*, Ined-Puf, 1996.

E. LOFTUS, « Les Faux Souvenirs », *Pour la science*, décembre 1997, p. 34.

E. LOFTUS et K. KETCHAM, *Le Syndrome des faux souvenirs*, Éditions Exergue, 1997.

Et enfin sur la motivation et la mémoire

A. LIEURY et F. FENOUILLET, *Motivation et réussite scolaire*, Dunod, 1996.

STEDI, 1, boulevard Ney, 75018 Paris - Tél. 01.40.38.65.40
Dépôt légal, Imprimeur, n° 5551
Dépôt légal : mars 1998
Imprimé en France